MELHORES
POEMAS

Luís
de
Camões

Direção
EDLA VAN STEEN

MELHORES
POEMAS

Luís
de
Camões

Seleção
LEODEGÁRIO A. DE AZEVEDO FILHO

© Global Editora, 1984

4ª EDIÇÃO, GLOBAL EDITORA, SÃO PAULO 2001

2ª Reimpressão, 2012

Diretor Editorial
JEFFERSON L. ALVES

Gerente de Produção
FLÁVIO SAMUEL

Revisão
YEDA JAGLE DE CARVALHO

Projeto de Capa
MARCELO LAURINDO

Dados Internacionais de Catalogação na Publicação (CIP)
(Câmara Brasileira do Livro, SP, Brasil)

Camões, Luís de, 1524?-1580.
Melhores poemas Luís de Camões / seleção Leodegário Azevedo Filho. – 4. ed. – São Paulo: Global, 2001. (Melhores poemas; 11)

ISBN 978-85-260-0291-3

1.Poesia portuguesa. I. Azevedo Filho, Leodegário, 1927-.
II. Título. III. Série.

94-4504   CDD-869-1

Índice para catálogo sistemático:

1. Poesia : Literatura portuguesa   869.1

Direitos Reservados

GLOBAL EDITORA E
DISTRIBUIDORA LTDA.
Rua Pirapitingui, 111 – Liberdade
CEP 01508-020 – São Paulo – SP
Tel.: (11) 3277-7999 – Fax: (11) 3277-8141
e-mail: global@globaleditora.com.br
www.globaleditora.com.br

Obra atualizada conforme o **Novo Acordo Ortográfico da Língua Portuguesa**

Colabore com a produção científica e cultural.
Proibida a reprodução total ou parcial desta obra sem a autorização do editor.

Nº DE CATÁLOGO: **1556**

Leodegário Amarante de Azevedo Filho nasceu no Recife, estado de Pernambuco, no dia 28 de janeiro de 1927. Estudou, já no Rio de Janeiro, no Internato do Colégio Pedro II e cursou a Faculdade de Letras e a Faculdade de Direito da UERJ. Doutor em Letras pela UERJ e Professor Titular de Literatura Portuguesa da UERJ e da UFRJ. Estudou em Paris e foi Professor Visitante nas Universidades de Colônia e de Coimbra. Autor de numerosos livros, entre os quais *Anchieta, a Idade Média e o Barroco, As cantigas de Pero Meogo* e *O cânone lírico de Camões*. Preparou, para a Imprensa Nacional / Casa da Moeda, de Lisboa, uma edição crítica da lírica de Camões em sete volumes. Recebeu dois prêmios da Academia Brasileira de Letras: Sílvio Romero, de Crítica Literária, e José Veríssimo, de Ensaio e Erudição. Membro efetivo da Academia Brasileira de Filologia, do Círculo Linguístico do Rio de Janeiro, da Academia Carioca de Letras e da Academia Brasileira de Literatura. Comenda da Ordem do Infante D. Henrique, oferecida pelo governo de Portugal. Em 1995, recebeu o Prêmio Machado de Assis, pelo conjunto de obras, conferido pela Academia Brasileira de Letras, da qual ocupou a cadeira 7. Faleceu em 2011.

POR UMA AUTÊNTICA LÍRICA DE CAMÕES

Ainda que em termos muito gerais, indicaremos aqui algumas etapas básicas para o estabelecimento de textos líricos que, por força de duas tradições, uma manuscrita e outra impressa, vêm sendo atribuídos a Camões, ao longo dos séculos.

O primeiro passo, sem a menor dúvida, consiste em delimitar o *corpus* lírico do Poeta no amplo e caótico universo textual que lhe tem sido atribuído, com ou sem razão, através dos tempos. Para isso, impõe-se a adoção de rigoroso critério capaz de separar a área textual contestada da área textual incontestada. Nesse sentido, a partir de estudos anteriores de Emmanuel Pereira Filho,[1] formulamos o critério do duplo testemunho quinhentista incontroverso e com apoio em manuscrito, aqui adotado.

Por não haver autógrafos da lírica de Camões, herdamos a sua obra em estado de absoluta dispersão manuscrita e impressa. A questão de autoria, portanto, desde logo se torna prioritária, pois somente três poemas foram publicados com o Poeta vivo,[2] embora haja duas edições da sua lírica no século XVI, ambas póstumas: a de 1595 (*Rhythmas*) e a de 1598 (*Rimas*).

A primeira edição, como se declara no prólogo, resultou de material colhido, sabe Deus como, em cancioneiros manuscritos da época. E foi publicada pelo mercador de livros Estêvão Lopes, mais tarde tendo Domingos Fernandes atribuído a sua organização a Fernão Rodrigues Lobo Soropita.

A segunda edição, também publicada por Estêvão Lopes, partiu de duas fontes: os textos da primeira edição e os textos do chamado *Manuscrito Apenso* (MA) a esta primeira edição, documento que se encontra na Biblioteca Nacional de Lisboa, e de que Emmanuel Pereira Filho nos deixou uma edição diplomática (*As Rimas de Camões*), publicada, posteriormente, em 1974, e já fora da vista dos olhos do seu organizador. Mas o editor de RI não procedeu a simples somatório de textos, pois assumiu posição crítica e corretiva diante das fontes de que se valeu, confirmando ou negando a autoria camoniana de poemas em RH, além de emendar ou recusar lições textuais em MA. Assim, do ponto de vista do testemunho de autoria, RH, RI e MA se tornam documentos relativamente autônomos, evitando-se qualquer confusão entre testemunho de autoria e lições textuais.

Tem-se, portanto, em RH-RI, a origem de uma primeira tradição textual impressa, oriunda de cancioneiros manuscritos. E assim chegamos à própria tradição anterior, que é exatamente a manuscrita, responsável pela conservação e transmissão dos textos, a partir de originais perdidos ou mesmo a partir de cópias apógrafas entre si. A propósito, em sua *Década VIII*, Diogo do Couto informa ter visto o Poeta dando início à composição, em Moçambique, de uma obra miscelânica, que teria o nome de *Parnaso* e que se perdeu, se é que foi mesmo concluída. O certo é que não há original conhecido da lírica de Camões, restando à

8

crítica textual a alternativa de reconstituir o seu protótipo ou arquétipo com base nos cancioneiros manuscritos, já em considerável número revelados, como indicamos em ensaio sobre o assunto.[3] Naturalmente, o arquétipo, reconstituído a partir da tradição manuscrita, irá interpor-se entre os originais perdidos e a documentação existente, sendo sempre admissível a hipótese da descoberta de novos cancioneiros quinhentistas, esquecidos em bibliotecas ainda não catalogadas na Península Ibérica ou mesmo fora dela. De qualquer forma, a crítica textual só pode trabalhar com o material existente e conhecido, não nos parecendo absurda a previsão de que o descobrimento de novos manuscritos possa confirmar grande parte das lições dos manuscritos já encontrados, retificando-se um ou outro caso particular. Assim, ainda nos parece prematura qualquer tentativa de distribuição dos membros da família manuscrita numa árvore genealógica, em busca de um estema (*stemma*), de que se afastariam as lições coincidentes ou simplesmente reduplicadoras, por *eliminatio codicum descriptorum*. Por enquanto, o que julgamos prudente fazer é trazer todos os manuscritos conhecidos à colação, como se todos fossem testemunhos independentes, em busca da constituição de um protótipo ou arquétipo, que mais tarde poderá ser confirmado ou retificado. Queremos dizer: será preciso analisar texto por texto isoladamente, e verso por verso, pois cada poema apresenta a sua problemática específica, em face da diversidade de fontes manuscritas em que se encontram conservados. Assim, após a publicação de numerosas monografias isoladas – sempre *a posterior* e nunca *a priori* –, buscar-se-á, do ponto de vista estemático, uma possível representação para a árvore genealógica da família manuscrita. Aliás, neste ponto, entendemos que o método de Bédier e seus discípulos não se ajusta bem à obra lírica de Camões, pois nela não se dispõe de um *codex optimus* indiscutível. E assim, em linhas muito amplas, temos optado, em nossos estudos, pelo método neolachmanniano, para a análise crítica da tradição manuscrita.

Quanto à tradição impressa, do mesmo ponto de vista metodológico, sabemos que a origem da primeira tradição textual vem de RI (a segunda edição, de 1598), prolongando-se pelo século XVII e boa parte do século XVIII, já com lições deturpadas e com vários acréscimos ou acúmulo de textos apócrifos, como se pode ver nas edições de Domingos Fernandes e de Faria e Sousa. A segunda tradição textual nasceu exatamente com a obra de Faria e Sousa (1685), entrecruzando-se com a primeira, em lições que se repetiram no século XVIII com Tomás José de Aquino (1779/80) e se desdobraram e ampliaram ao longo dos séculos XIX e XX, com novos e incríveis acréscimos de textos falsamente atribuídos ao Poeta e com lições corrompidas ou textos contaminados, como se pode ver nas edições do Visconde de Juromenha (1860/69) e de Teófilo Braga (1880). A partir de Faria e Sousa, realmente, perdeu-se a limpidez da água originária – para usarmos conhecida metáfora de Paul Maas – que não apenas se turva, alterando a própria cor, mas sobretudo se deixa contaminar por matéria espúria. E assim melhor se penetra em antiga imagem de Jorge de Sena, que chegou a comparar o território lírico de Camões com os estábulos de Augias, exigindo a força de um Hércules para a sua total limpeza.

10

De qualquer modo, para a tradição impressa, considerando-se que não há edição publicada com o Poeta vivo, nem mesmo qualquer original seu, a edição de base terá que ser RI (a segunda, de 1598), naturalmente confrontada com as lições de RH (a primeira, de 1595), ambas de certa forma edições príncipes, embora com lições já alteradas diante da família manuscrita, de onde partiram. No que se refere à tradição impressa, portanto, nenhuma dificuldade haverá para a representação estemática das edições, aplicando-se ao caso o princípio da *eliminatio codicum descriptorum*, que afastará do estema as obras reduplicadoras de lições anteriores. E assim se terá uma árvore genealógica binariamente ramificada, com raízes no século XVI (RH-RI) e século XVII (FS), até chegar-se aos nossos dias, com amplo desenvolvimento através dos séculos XVIII e XIX.

Na primeira metade do nosso século, exatamente no ano de 1932, se a edição de José Maria Rodrigues e Afonso Lopes Vieira já é louvável pela tentativa de expurgo de textos apócrifos, com base em pesquisas anteriores de Wilhelm Storck e Carolina Michaëlis de Vasconcelos, nem por isso deixa de ser recusável pela aceitação passiva de lições arbitrariamente alteradas por Faria e Sousa. Somente em 1944, com a primeira edição da obra de A. J. da Costa Pimpão, volta-se à fonte quinhentista da primeira tradição impressa, mais tarde também retomada por Hernâni Cidade, em sua edição de 1946. Daí por diante, os demais editores modernos, sempre presos à tradição impressa, nada de importante acrescentaram ao trabalho de A. J. da Costa Pimpão e de Hernâni Cidade, se bem examinadas forem as coisas. Até porque, em quase todos, quando os manuscritos são trazidos à cotação, ficam inteiramente sem voz, sempre sufocados pelo peso multissecular da tradição impressa viciada. Daí se conclui que só há um caminho para a renovação editorial da obra lírica de Camões, que é o caminho oferecido pela tradição manuscrita, muito anterior aos dois ramos corrompidos da tradição impressa. E esse caminho foi seguido aqui.

Quanto à língua portuguesa do século XVI, embora não sejam numerosos os estudos realmente especializados nesse sentido, a exemplo dos trabalhos de um Paul Teyssier ou de um Révah, na transição do século XV para o século XVI, a norma linguística culta se constituiu e se definiu em bases modernas, como J. Mattoso Câmara Jr. mostrou em seus estudos, daí surgindo diacronicamente as duas grandes subnormas do atual português da Europa e do atual português da América, sem levar-se aqui em conta o problema linguístico das jovens nações africanas de língua portuguesa, com outra problemática. O certo é que o sistema linguístico, que nos é comum, se vai consolidar no século XVI. Assim, do ponto de vista quantitativo, ampliou-se consideravelmente o vocabulário, graças a empréstimos feitos ao latim pela língua literária da época, sem esquecer os helenismos, e até mesmo os italianismos, os galicismos e os espanholismos, entre outras incidências perfeitamente compreensíveis à luz do espírito humanista e universalista do Renascimento. Mas, sobretudo, empréstimos linguísticos de procedência latina, através de adaptações morfológicas, como se o vocabulário latino fosse a base potencial do próprio vocabulário do português quinhentista. E a penetração desses empréstimos na língua corrente falada dos grandes centros urbanos, a partir mesmo de Lisboa, iria refletir-se nos próprios padrões fonéticos do idioma, de tal forma que, na transição do século XV para o século XVI, o português moderno se separou do português arcaico.

Do ponto de vista literário, a lírica de Camões se insere na órbita maneirista, pois nela já se reflete a crise do Renascimento. Hauser e Weise, entre outros estudiosos, bem mostraram que a autoconfiança do humanismo antropocêntrico, aos poucos, seria substituída pela dúvida e pela angústia, nascendo assim o Maneirismo. A própria consciência da brevidade da vida e da fugacidade do tempo iria instaurar a crise de confiança no homem renascentista, na medida em que ele passava a desconfiar do seu poder de trabalho ou do seu poder de transformar o mundo. Assim, tudo na vida é transitório, num processo de mudanças constantes, não escapando disso as próprias formas literárias, que se renovam ou modificam continuamente, como aconteceu na passagem do Classicismo para o Barroco, mediada pelo Maneirismo. Com efeito, embora o modelo clássico seja a base, aqui já não será a estética da identidade que vai prevalecer, em face das distorções das normas clássicas. Por isso, alguns teóricos pretendem negar autonomia estética ao Maneirismo, espécie de entre-lugar, ou simples crise do Renascimento. Outros teóricos, entretanto, ao situarem a estética maneirista entre o Classicismo e o Barroco, procuram distingui-la de ambos. Seja como for, estamos diante de uma produção artística perfeitamente caracterizada por um conjunto de normas específicas, tais como o tema da mudança ou da dúvida, gerando a sensação angustiante da fugacidade do tempo, em seu contínuo desfazer-se. Em tudo, as ruínas e derrotas atestam a fragilidade do homem e não a sua fortaleza, razão por que os poetas meditam sobre a instabilidade de tudo, numa época conturbada pela Reforma e pela crise política e econômica dos povos. A destruição e o vazio parece que são o destino de todas as coisas...

A lírica de Camões está minada pelo espírito do Maneirismo, como se verá na seleção de textos aqui feita. No Poeta, a ascensão da dúvida é crescente, ou porque o mundo está em mudança, ou porque o homem vive a tensão dolorosa entre a carne e o espírito, já numa antecipação barroca. O descontentamento ou desconcerto do mundo inquietam a lírica camoniana, onde o conceito platônico de *ideia* se harmoniza com o conceito apriorístico de *forma*, já que o homem resulta do binômio corpo e alma. Em suma, a partir de padrões renascentistas, pois os gêneros são clássicos, a poesia lírica de Camões se exprime em termos maneiristas, sobretudo em relação ao amor e à esperança perdida. Como obra literária da crise do Renascimento, é verdade que se liga ao Classicismo pela escolha de construções estróficas próprias da época e pela preferência dada ao verso decassílabo nos sonetos, nas canções, nos tercetos (a *terza rima* italiana), nas oitavas e na única sextina que escreveu. Quanto aos gêneros, além de sua extraordinária epopeia, são também clássicos: a écloga, a elegia, a ode e a epístola. Em princípio, dir-se-á que também imitou a Natureza e que também recorreu à Mitologia, como qualquer clássico. Mas com uma diferença fundamental, que é a sua postura maneirista, ultrapassando as normas clássicas pela ambiguidade e pelo jogo de antíteses na construção dos versos. Mais do que isso: pela dúvida ou pelo sentimento da incerteza, patente em toda a sua obra lírica, nem sempre ajustável aos princípios da simetria, da linearidade, da clareza ou mesmo do critério de verossimilhança. E tal atitude poética transparece em toda a sua produção lírica.

Para concluir, diga-se que este pequeno livro, preparado para a Global Editora, para atender a honroso convite de Edla van Steen, nada tem a ver com a grande edição em oito volumes, que entregamos à Imprensa Nacional/Casa da Moeda, de Lisboa. Aqui se trata apenas de uma seleção de textos líricos, sem maiores preocupações de caráter ecdótico. De qualquer forma, os textos foram fixados à luz dos manuscritos quinhentistas, o que nunca antes se fez, pelo menos em conjunto. E isso inaugura nova fase editorial para a lírica camoniana.

As normas de transcrição textual que adotamos procuraram respeitar as formas linguísticas da época, na passagem para a ortografia atual.

Leodegário A. Azevedo Filho

REFERÊNCIAS BIBLIOGRÁFICAS

[1] PEREIRA FILHO, Emmanuel. *As rimas de Camões*. Rio de Janeiro: Aguilar/INL, 1974.

[2] São os seguintes os três poemas de Camões publicados em vida: *Ode*, dedicada ao Conde do Redondo, nos *Colóquios dos simples e Drogas e cousas medicinais da Índia*, de Garcia d'Orta, em 1563; um *Soneto* e uma composição em *Tercetos*, ambos os textos dedicados a D. Leonis Pereira, na *História da Província de Santa Cruz* [...], de Pero de Magalhães de Gândavo, em 1576.

[3] AZEVEDO FILHO, Leodegário A. de. A lírica de Camões e o problema dos manuscritos. In: *Arquivos do Centro Cultural Português*. Paris: Fundação Calouste Gulbenkian/Centro Cultural Português, 1978. p. 63-74. v. XIII.

ABREVIATURAS UTILIZADAS

C – *Cancioneiro de D. Cecília de Portugal*.

CM – *Cancioneiro de Corte e de Magnates*.

CrB – *Cancioneiro de Cristóvão Borges*.

E – *Cancioneiro da Biblioteca do Escorial*.

Év. – *Cancioneiro de Évora*.

FS – *Faria e Sousa – Rimas várias*, de Luís de Camões.

LF – *Cancioneiro de Luís Franco Correa*.

M – *Cancioneiro de Madrid*.

MA – *Manuscrito Apenso* a um exemplar da edição de 1595 das *Rhythmas*, pertencente à Biblioteca Nacional de Lisboa.

Ms. Jur. – *Manuscrito Juromenha*.

PR – "Índice" do *Cancioneiro do Padre Pedro Ribeiro*.

RH – *Rhythmas*, primeira edição, de 1595.

RI – *Rimas*, segunda edição, de 1598.

TT – *Manuscrito 2209*, do Arquivo Nacional da Torre do Tombo.

PRINCIPAIS EDIÇÕES MODERNAS

AZEVEDO FILHO, Leodegário A. de. *Lírica de Camões*. Lisboa: IN/CM, 1985. v. I. (História, Metodologia, *Corpus*).

_____. *Lírica de Camões. Sonetos*. Lisboa: IN/CM, 1987. v. II. tomo I.

_____. *Lírica de Camões. Sonetos*. Lisboa: IN/CM, 1989. v. II. tomo II.

_____. *Lírica de Camões. Canções*. Lisboa: IN/CM, 1995. v. III. tomo I.

BERARDINELLI, Cleonice Serôa da Motta. *Sonetos de Camões*. Lisboa/Paris/Rio de Janeiro: Centre Culturel Portugais/Casa de Rui Barbosa, 1980.

CIDADE, Hernâni. *Obras completas*, de Luís de Camões, I. 3. ed. Lisboa: Sá da Costa, 1962.

PIMPÃO, A . J. da Costa. *Rimas*, de Luís de Camões, 3. ed. Coimbra: Atlântica, 1973. A 1. ed. é de 1944 e a 2. ed. é de 1953.

RODRIGUES, José Maria; VIEIRA, Afonso Lopes. *Lírica*, de Luís de Camões. Coimbra: Imprensa da Universidade, 1932.

SALGADO JÚNIOR, Antônio. *Obra completa*, de Luís de Camões. Rio de Janeiro: Aguilar, 1963.

SARAIVA, Maria de Lurdes. *Lírica completa*. Lisboa: Imprensa Nacional/Casa da Moeda, 1980/81.3.

PRINCIPAIS ESTUDOS CRÍTICOS MODERNOS

AZEVEDO FILHO, Leodegário A. de. *Iniciação em crítica textual*. Rio de Janeiro: Presença, 1987.

BERARDINELLI, Cleonice. *Estudos camonianos*. Rio de Janeiro: MEC, 1973.

BISMUT, Roger. *La lyrique de Camões*. Paris: Fundação Calouste Gulbenkian/PUF, [s.d.].

CARVALHO, J. G. Chorão (Herculano) de. Sobre o texto da lírica camoniana. *Revista da Faculdade de Letras*, Universidade de Lisboa, t. XIV, 2ª série, n. 3, p. 224-238, e t. XV, 2ª série, n. 1, p. 53-91, 1948/49.

CIDADE, Hernâni. *Luís de Camões – O lírico*. 3. ed. Lisboa: Bertrand, 1967.

CUNHA, Maria Helena Ribeiro da. O neoplatonismo amoroso na Ode VI. *Revista Camoniana*, São Paulo, v. 2, 1965, p. 116-128.

MATOS, Maria Vitalina Leal de. *O canto na poesia épica e lírica de Camões*. Paris: Fundação Calouste Gulbenkian/Centro Cultural Português, 1981.

PEREIRA FILHO, Emmanuel. *As rimas de Camões*. Rio de Janeiro: Aguilar/INL, 1974.

_____. *Uma forma provençalesca na lírica de Camões*. Rio de Janeiro: Gernasa, 1974.

SARAIVA, Antônio José. *Luís de Camões*. Lisboa: Europa-América, 1960.

SENA, Jorge de. *Trinta anos de Camões*. Lisboa: Edições 70, 1980.

SILVA, Vítor Manuel de Aguiar e. Notas sobre o cânone da lírica camoniana. *Revista de História Literária de Portugal*, Coimbra, v. III, p. 185-202, e v. IV, p. 87-122, 1968-1972 e 1972-1975.

_____. *Camões: labirintos e fascínios*. Lisboa: Cotovia, 1994.

POEMAS

SONETOS

1

Alegres campos, verdes arvoredos,
claras e frias ágoas de cristal,
que em vós as debuxais ao natural
discorrendo da altura dos rochedos!

Silvestres montes, ásperos penedos,
compostos em concerto desigual!
Sabei que, sem licença do meu mal,
já não podeis fazer meus olhos ledos.

E pois já me não vedes como vistes,
nem me alegram verduras deleitosas,
nem as ágoas claras que das fontes vêm,

semearei em vós lembranças tristes,
regando-vos com lágrimas saudosas,
e nacerão saudades do meu bem.

Fontes quinhentistas: PR - 44; CrB - 18; LF - 9; TT - 155; RH - 10 v.; e RI - 11.
Fonte básica: LF - 9.

2

Alma minha gentil, que te partiste
　　tão cedo deste corpo descontente,
　　repousa tu nos Ceos eternamente,
　　e viva eu cá na terra sempre triste.

Se lá no assento etéreo, onde sobiste,
　　memória deste mundo se consente,
　　não te esqueças daquele amor ardente
　　que já nos olhos meus tão puro viste.

E se vires que pode merecer-te
　　algũa cousa a dor que me ficou
　　da mágoa, sem remédio, de perder-te,

pede a Deos, que teus anos encurtou,
　　que tão cedo de cá me leve a ver-te,
　　quão cedo dos meus olhos te levou.

Fontes quinhentistas: PR - 10; CrB - 31; LF - 8 v.; M - 12; E - 36 v.; RH - 4 v.;
e RI - 5 v. *Fonte básica*: LF - 8 v.

3

Amor, com a esperança já perdida
   o teu sagrado templo visitei;
   por sinal do naufrágio que passei,
   em lugar dos vestidos, pus a vida.

Que queres mais de mi, que destruída
   me tens a glória toda que alcancei?
   Não cures de forçar-me, que não sei
   tornar a entrar onde não há saída.

Vês aqui a alma, a vida e a esperança,
   despojos doces do meu bem passado,
   emquanto quis aquela que eu adoro.

Neles podes tomar de mi vingança:
   e, se ainda não estás de mi vingado,
   contenta-te com as lágrimas que choro.

Fontes quinhentistas: PR - 40; CrB - 62 v.; LF - 126 v.; RH - 14; e RI - 13 v.
Fontes básicas: CrB - 62 v. e LF - 126 v.

4

Busque Amor novas artes, novo engenho
pera matar-me, e novas esquivanças,
que não pode tirar-me as esperanças;
que mal me tirarão o que eu não tenho.

Olhai de que asperezas me mantenho!
Vede que perigosas seguranças!
Que não temo contrastes, nem mudanças,
andando em bravo mar, perdido lenho.

Mas, conquanto não pode haver desgosto
onde esperança falta, lá me esconde
Amor um mal, que mata e não se vê.

Que dias há que nalma me tem posto
um não sei quê, que nasce não sei donde,
vem não sei como, e dói não sei porquê.

Fontes quinhentistas: PR - 30; CrB - 64; LF - 7 v.; E - 19; RH - 3 v.; e RI - 4 v.
Fontes básicas: CrB - 64 e LF - 7 v.

5

Ditoso seja aquele que somente
se queixa de amorosas esquivanças;
pois por elas não perde as esperanças
de poder algum tempo ser contente.

Ditoso seja quem, estando ausente,
não sente mais que as penas das lembranças,
porque, ainda que se tema de mudanças,
menos temor que a certa dor se sente.

Ditoso seja, emfim, qualquer estado
onde enganos, desprezos, isenção
trazem o coração atromentado.

Mas triste quem se sente magoado
de vós, em quem não pode haver perdão,
sem ficar nalma a mágoa do pecado.

Fontes quinhentistas: CrB - 65; LF - 131 v.; MA - 5; RH - 5; e RI - 19 v.
Fontes básicas: CrB - 65 e LF - 131 v.

6

Em fermosa Letea se confia,
    por onde tanta vaïdade alcança,
    que, tornada a soberba em confiança,
    com os deoses celestes competia.

Porque não fosse avante esta ousadia
    (que nascem muitos erros da tardança),
    em efeito puseram a vingança,
    que tamanha doudice merecia.

Mas Oleno, perdido por Letea,
    não lhe sofrendo amor que soportasse
    castigo duro em tanta fermosura,

quis padecer em si a pena alhea;
    mas, porque a morte o amor não apartasse,
    ambos tornados são em pedra dura.

Fontes quinhentistas: PR - 19; CrB - 68; RH - 6 v.; e RI - 7 v. *Fonte básica*:
CrB - 68.

7

Emquanto quis Fortuna que tivesse
esperanças de algum contentamento,
o gosto dum suave pensamento
me fez que seus efeitos escrevesse.

Porém, temendo Amor que aviso desse
minha escritura a algum juízo isento,
escureceo-me o engenho com o tromento,
pera que seus enganos não dissesse.

O' vós que Amor obriga a ser sujeitos
a diversas vontades! Quando lerdes
num breve livro casos tão diversos,

verdades puras são, e não defeitos...
E sabei que, segundo o amor tiverdes,
tereis o entendimento de meus versos!

Fontes quinhentistas: CrB - 1; LF - 121; RH - 1; e RI - 1. *Fontes básicas*: CrB
- 1 e LF - 121.

8

Está o lascivo e doce passarinho
    com o biquinho as pernas ordenando;
    o verso, sem medida, alegre e brando,
    espedindo no rústico raminho;

o cruel caçador (que do caminho
    se vem calado e manso desviando)
    na pronta vista a seta endireitando,
    lhe dá no Estígio lago eterno ninho.

Destarte o coração, que livre andava
    (posto que já de longe destinado),
    onde menos temia, foi ferido.

Porque o Frecheiro cego me esperava,
    pera que me tomasse descuidado,
    em vossos claros olhos escondido.

Fontes quinhentistas: PR - 35; RH - 7 v.; e RI - 8 v. *Fonte básica*: RH - 7 v.

9

Eu cantarei de amor tão docemente,
por uns termos em si tão concertados,
que dous mil acidentes namorados
faça sentir ao peito que não sente.

Farei o amor a todos evidente,
pintando mil segredos delicados,
brandas iras, sospiros descuidados,
temerosa ousadia e pena ausente.

Também, Senhora, do desprezo honesto
de vossa vista branda e rigorosa,
contentar-me-ei, dizendo menor parte.

Porém, para cantar de vosso gesto
a composição alta e milagrosa,
aqui falta saber, engenho e arte.

Fontes quinhentistas: CrB - 60; LF - 44 e 121 v.; RH - 1 v.; RI - 1 v. *Fontes
básicas*: CrB - 60 e LF - 121 v.

10

Grande tempo há que eu soube, da Ventura,
a vida que me tinha destinada;
que a longa experiência da passada
me dava claro indício da futura.

Amor fero e cruel, Fortuna escura,
bem tendes vossa força exprimentada:
assolai, destruí, não fique nada;
vingai-vos desta vida, que ainda dura.

Soube o Amor da Ventura que a não tinha,
e, porque mais sentisse falta dela,
de imagens impossíveis me mantinha.

Mas vós, Senhora, que minha estrela
não foi melhor, vivei nesta alma minha,
que não tem a Fortuna poder nela.

Fontes quinhentistas: PR - 32; CrB - 2; LF - 49 e 131; M - 17; RH - 12 v.; e
RI - 12 v. *Fontes básicas*: CrB - 2 e LF - 131. O texto aparece também em
FT - 152 v., manuscrito do século XVIII.

11

O cisne, quando sente ser chegada
a hora que põe termo a sua vida,
música com voz alta e mui sobida
lamenta pela praia inabitada.

Deseja ter a vida prolongada,
chorando do viver a despedida;
com grande saüdade da partida,
celebra o triste fim desta jornada.

Assi, Senhora minha, quando via
o triste fim que davam meus amores,
estando posto já no extremo fio,

com mui suave canto e harmonia
descantei pelos vossos disfavores
la vuestra falsa fe, y el amor mío.

Fontes quinhentistas: CrB - 61 v.; LF - 122 v.; M - 171 v.; RH - 12; e RI - 12.
Fontes básicas: CrB - 61 v.; LF - 122 v.; e M - 171 v.

12

O culto divinal se celebrava
    no templo aonde toda a criatura
    louva o Feitor divino, que a feitura
    com seu sagrado sangue restaurava.

Ali Amor que há tempo me aguardava,
    onde eu tinha a vontade mais segura,
    em humana e angélica figura
    a vista da razão me salteava.

Eu, crendo que o lugar me defendia,
    e seu livre costume não sabendo
    que nenhum confiado lhe fugia,

deixei-me cativar; mas já que entendo,
    Senhora, que por vosso me queria,
    do tempo que fui livre me arrependo.

Fontes quinhentistas: CrB - 60 v.; LF - 121 v.; MA - 6; TT - 151 v.; e RI - 20.
Fontes básicas: CrB - 60 v. e LF - 121 v.

13

Oh! como se me alonga, de ano em ano,
a peregrinação cansada minha!
E como se encurta e ao fim caminha
este meu breve e vão discurso humano!

Vai-se gastando a idade e cresce o dano;
perde-se-me um remédio, que inda tinha;
se por experiência se adivinha,
qualquer grande esperança é grande engano.

Corro após este bem que não se alcança;
no meo do caminho me falece,
mil vezes caio, e perco a confiança.

Quando ele foge, eu tardo; e, na tardança,
se os olhos ergo a ver se inda aparece,
da vista se me perde, e da esperança.

Fontes quinhentistas: CrB - 70 v.; LF - 70; M - 173; RH - 13 v.; e RI - 13.
Fontes básicas: CrB - 70 v., LF - 70 e M - 173.

14

Quando da bela vista e do seu riso,
    tomando estão meus olhos mantimento,
    tão elevado sinto o pensamento
    que me faz ver na terra o Paraíso.

Tanto da vida humana estou diviso,
    que qualquer outro bem julgo por vento;
    certo, que em passo tal, segundo sento,
    que asas de pouco faz quem perde o siso.

Em vos louvar, Senhora, não me fundo,
    porque, quem vossas cousas claro sente,
    sentirá que não pode conhecê-las.

Que de tanta estranheza sois ao mundo,
    que não é de estranhar, Dama excelente,
    que quem voz fez fizesse Ceo e estrelas.

Fontes quinhentistas: CrB - 4; LF - 41 v. e 123; M - 16 V.; TT - 155; Év. - 9 v.
e 37 v.; RH - 4; e RI - 5. *Fontes básicas*: CrB - 4, LF - 123 e M - 16 v.

15

Que me quereis, perpétuas saüdades?
   Com que esperanças ainda me enganais?
   Que o tempo que se vai não torna mais,
   e, se torna, não tornam as idades.

Rezão é já, ó anos!, que vos vades,
   porque estes tão ligeiros que passais,
   nem todos pera um gosto são iguais,
   nem sempre são conformes as vontades.

Aquilo a que já quis é tão mudado
   que quase é outra cousa; porque os dias
   tem o primeiro gosto já danado.

Esperanças de novas alegrias
   não mas deixa a Fortuna, o Tempo irado,
   que do contentamento são espias.

Fontes quinhentistas: PR - 59; CrB - 70 v.; LF - 70; M - 22 v.; MA - 20 v.; e
RI - 26. *Fontes básicas*: CrB - 70 v., LF - 70 e M - 22 v.

16

Que poderei do mundo já querer,
    que naquilo em que pus tamanho amor,
    não vi senão desgosto e desamor,
    e morte, emfim, que mais não pude ver.

Pois vida me não farto de viver,
    pois já sei que não mata grande dor,
    se cousa há i que mágoa dê maior,
    eu a verei, por bem; que pode ser?

A morte, a meu pesar, me assegurou
    de quanto mal me vinha; já perdi
    o que perder o medo me ensinou.

Na vida desamor somente vi;
    na morte a grande dor que me ficou:
    parece que pera isso só nasci.

Fontes quinhentistas: PR - 56; CrB - 67 v.; LF - 60 v. e 200 v.; MA - 16; e RI - 24.
Fontes básicas: CrB - 67 v. e LF - 200 v.

17

Quem pode livre ser, gentil Senhora,
   vendo-vos com juízo sossegado,
   se o Menino que de olhos é privado,
   nas mininas de vossos olhos mora?

Ali reina, ali manda, ali namora,
   ali vive das gentes namorado;
   que o vivo lume e o rostro delicado,
   imagens são, nas quais Amor se adora.

Quem vê que em branca neve nascem rosas
   que fios crespos de ouro vão cercando,
   se por entre esta luz a vista passa,

raios de ouro verá, que as desejosas
   almas estão no peito traspassando,
   assi como um cristal o Sol traspassa...

Fontes quinhentistas: LF - 8; M - 8; RH - 17 v.; e RI - 16. *Fontes básicas*: LF - 8
e M - 8.

18

Rezão é já que minha confiança
se desça de sua falsa opinião;
mas Amor não se rege por rezão;
não posso perder, logo, a esperança.

A vida, si; que ũa áspera mudança
não deixa viver tanto um coração.
E eu na morte tenho a salvação?
Si, mas quem a deseja não a alcança.

Forçado é logo assi que espere e viva.
O' dura Lei de Amor, que não consente
quietação nũa alma que é cativa!

Se hei-de viver, emfim, forçadamente,
pera que quero a glória fugitiva
de ũa esperança vã que me atromente?

Fontes quinhentistas: PR - 3; CrB - 63; LF -127; MA - 8 v.; RH - 14; e RI - 13.
Fontes básicas: CrB - 63, LF - 127 e MA - 8 v.

19

Se algũa hora em vós a piedade
de tão longo tormento se sentira,
não consentira Amor que me partira
de vossos olhos, minha saüdade.

Aparto-me de vós, mas a vontade,
que nalma pelo natural vos tira,
me faz crer que esta ausência é de mentira;
mas inda mal, porém, porque é verdade.

Ir-me-ei, Senhora; e, neste apartamento,
tomarão tristes lágrimas vingança
nos olhos de quem fostes mantimento.

E assi darei vida a meu tormento;
que, enfim, cá me achará minha lembrança
já sepultada em vosso esquecimento.

Fontes quinhentistas: PR - 8; CrB - 2; LF - 129 v.; M - 11; TI - 150 v.; CM - 217 v.;
RH - 13; e RI - 12 v. *Fontes básicas*: CrB - 2, LF - 129 v. e M - 11.

20

Se as penas com que Amor tão mal me trata
    quiser que tanto tempo viva delas
    que visse escuro o lume das estrelas
    em cuja vista o meu se encende e mata;

Se o tempo, que tudo desbarata,
    secar as frescas rosas sem colhê-las,
    mostrando a linda côr das tranças belas
    mudada de ouro fino em bela prata;

vereis, Senhora, então tão bem mudado
    o pensamento e aspereza vossa,
    quando não sirva já sua mudança.

Suspirareis então pelo passado,
    em tempo quando exercitar-se possa
    no vosso arrepender minha vingança.

Fontes quinhentistas: PR - 47; LF - 42 e 124; RH - 16 v.; e RI - 15 v. *Fontes básicas*: LF - 124.

21

Se, depois da esperança tão perdida,
Amor pola ventura permitisse
que inda algũ'hora alegre visse
de quantas tristes viu tão longe vida;

ũ'alma já tão fraca e tão caída,
por mais alto que a sorte me sobisse,
não tenho pera mi que consentisse
alegria tão tarde consentida.

Não tão somente Amor me não mostrou
ũ'hora em que vivesse alegremente,
de quantas nesta vida me negou;

mas inda tanta pena me consente,
que, com o contentamento, me tirou
o gosto de algũ'hora hora ser contente.

Fontes quinhentistas: PR - 28; CrB - 63 v.; LF - 127 v. e 130 v.; TI - 136 v.;
MA - 19; e RI - 25 v. *Fontes básicas*: CrB - 63 v. e LF - 130 v.

22

Sete anos de pastor Jacob servia
Labão, pai de Raquel, serrana bela;
mas não servia ao pai, servia a ela,
e a ela por soldada pretendia.

Os dias, na esperança de um só dia,
passava, contentando-se com vê-la;
porém o pai, usando de cautela
em lugar de Raquel lhe dava Lia.

Vendo o triste pastor que por enganos
lhe fora assi negada a sua pastora,
como se a não tivera merecida;

tornando já a servir outros sete anos,
dizia: – Mais servira, se não fora
pera tamanho amor tão curta vida.

Fontes quinhentistas: PR - 63; CrB - 11; M - 21 v.; Ms. Jur. - 41 v.; TT - 147;
E - 36; RH - 7 v.; e RI - 8. *Fontes básicas*: CrB - 11 e Ms. Jur. - 41 v.

23

Sospiros inflamados, que cantais
a tristeza com que vivi tão ledo!
Eu mouro e não vos levo, porque hei medo
que ao passar do Lete vos percais.

Escritos para sempre já ficais
onde vos mostrarão todos com o dedo
como exemplo de males; que eu concedo
que pera aviso de outros estejais.

E em quem virdes falsas esperanças
do Amor e da Fortuna, cujos danos
alguns terão por bem-aventuranças,

dizei-lhe que os servistes muitos anos,
e que em Fortuna tudo são mudanças,
e que em Amor não há senão enganos.

Fontes quinhentistas: PR - 26; CrB - 17 v.; LF - 127 v., e 130; MA - 4; e RI - 19.
Fontes básicas: CrB - 17 v. e LF - 130.

24

Tanto de meu estado me acho incerto,
    que em vivo ardor tremendo estou de frio;
    sem causa, juntamente choro e rio,
    o mundo todo abarco e nada aperto.

É tudo quanto sinto desconcerto;
    dalma um fogo me sai, da vista um rio;
    agora espero, agora desconfio,
    agora desvario, agora acerto.

Estando em terra, chego ao Ceo voando;
    em ũ'hora acho mil anos, e de jeito
    que em mil anos não posso achar ũ'hora.

Se me pregunta alguém porque assi ando,
    respondo que não sei; porém sospeito
    que é só porque vos vi, minha Senhora.

Fontes quinhentistas: PR - 33; CrB - 65; LF - 105 v. e 131 v.: RH - 2; e RI - 3.
Fontes básicas: CrB - 65 e LF - 131 v.

25

Transforma-se o amador na cousa amada,
    por virtude do muito imaginar;
    não tenho, logo, mais que desejar,
    pois em mi tenho a parte desejada.

Se nela está minha alma transformada,
    que mais deseja o corpo de alcançar?
    Em si somente pode descansar,
    pois consigo tal alma está liada.

Mas essa linda e pura semidea,
    que, como um acidente em seu sujeito,
    assi com a alma minha se conforma,

está no pensamento como idea:
    o vivo e puro amor de que sou feito,
    como a matéria simples busca a forma.

Fontes quinhentistas: PR - 53; CrB - 62; LF -124 v.; RH - 2 v.; e RI - 3 v.
Fontes básicas: CrB - 62 e LF - 124 v.

26

Vós que, dos olhos suaves e serenos,
    com justa causa a vida cativais,
    e que os outros cuidados condenais
    por indevidos, baixos e pequenos;

se inda do Amor domésticos venenos
    nunca provastes, quero que saibais
    que é tanto mais o amor despois que amais,
    quanto são mais as causas de ser menos.

E não cuide ninguém que algum defeito,
    quando na cousa amada se apresenta,
    possa deminuir o amor perfeito;

antes o dobra mais; e se atormenta,
    pouco e pouco o desculpa o brando peito,
    que Amor com seus contrários se acrescenta.

Fontes quinhentistas: CrB - 66; LF - 59 v.; MA - 15 v.; RI - 23 v. *Fontes básicas*: CrB - 66 e LF - 59 v.

CANÇÕES

I

Fermosa e gentil Dama, quando vejo
  a testa de ouro e neve, o lindo aspeito,
  a boca graciosa, o riso honesto,
  e o marmóreo colo, o branco peito,
  de meu não quero mais que meu desejo,
  nem mais de vós de ver tão lindo gesto.
Ali me manifesto,
  por vosso, a Deos e ao mundo; ali me inflamo
nas lágrimas que choro,
e de mi, que vos amo,
em ver que soube amar-vos, me namoro;
e fico só por mi perdido, de arte
que hei ciúmes de mi por vossa parte.

Se porventura vivo descontente
  por fraqueza de esprito, padecendo
  a doce pena que entender não sei,
  fujo de mi e acolho-me, correndo,
  à vossa vista; e fico tão contente
  que zombo dos tormentos que passei.
De quem me aqueixarei,
se vós me dais a vida deste jeito,
nos males que padeço,

senão de meu sujeito,
que não cabe com bem de tanto preço?
Mas inda isso de mi cuidar não posso,
de estar muito soberbo com ser vosso.

Se, por algum acerto, Amor vos erra
por parte do desejo, cometendo
algum herege e torpe desatino,
se ainda mais que ver, emfim, pretendo,
fraquezas são do corpo, que é de terra,
mas não do pensamento, que é divino.
Se tão alto imagino
que de vista me perco, peço nisto,
desculpa-me o que vejo;
porque se, emfim, resisto
contra tão atrevido e vão desejo,
faço-me forte em vossa vista pura,
e armo-me de vossa fermosura.

Das delicadas sobrancelhas pretas
os arcos com que fere, Amor tomou,
e fez a linda corda dos cabelos;
e porque de vós tudo lhe quadrou,
dos raios desses olhos fez as setas
com que fere quem alça os seus, a vê-los.
Olhos que são tão belos
dão armas de vantagem ao Amor,
com que as almas destrui;
porém, se é grande a dor,
com a alteza do mal a restitui;
e as armas com que mata são de sorte
que ainda lhe ficais devendo a morte.

Lágrimas e suspiros, pensamentos,
   quem deles se aqueixar, fermosa Dama,
   mimoso está do mal que por vós sente.
   Que maior bem deseja quem vos ama
   que estar desabafando seus tormentos,
   chorando, imaginando docemente?
   Quem vive descontente
   não há-de dar alívio a seu desgosto,
   porque se lhe agradeça,
   mas com alegre rosto
   sofra seus males, para que os mereça;
   que quem do mal se aqueixa, que padece,
   fá-lo porque esta glória não merece.

De modo que, se sai o pensamento
   em algũas as fraquezas, descontente,
   é porque este segredo não conheço;
   assi que com razões, não tão somente
   desculpo ao Amor de meu tormento,
   que ainda a culpa sua lhe agradeço.
   Por esta fé mereço
   a graça, que esses olhos acompanha,
   o bem do doce riso;
   mas, porém, não se ganha
   cum paraíso outro paraíso,
   E assi, de enleada, a esperança
   se satisfaz com o bem que não alcança.

Se com razões escuso meu remédio,
   sabe, Canção, que, porque não vejo,
   engano com palavras o desejo.

Fontes quinhentistas: PR - 75; LF - 26 v.; M - 165; RH - 22; e RI - 27 v. *Fontes básicas*: LF - 26 v. e M - 165.

II

Tão suave, tão fresca e tão fermosa,
   nunca no Ceo saiu
   a Aurora no princípio do Verão,
   às flores dando a graça costumada,
   como a fermosa, mansa fera, quando
   um pensamento vivo me inspirou,
   por quem me desconheço.

Bonina pudibunda ou fresca rosa
   nunca no campo abriu,
   quando os raios do Sol no Touro estão,
   de cores diferentes esmaltada,
   como esta flor, que, os olhos inclinando,
   o sofrimento triste costumou
   à pena que padeço.

Ligeira, bela Ninfa, linda, irosa,
   não creo que seguiu
   Sátiro, cujo brando coração
   de amores comovesse fera irada,
   que assi fosse fugindo e desprezando
   este tormento, onde Amor mostrou
   tão próspero começo.

Nunca, emfim, cousa bela e rigurosa
 Natura produziu,
 que iguale àquela forma e condição,
 que as dores em que vivo estima em nada;
 mas com tão doce gesto, irado e brando,
 o sentimento e a vida me enlevou,
 que a pena lhe agradeço.

Bem cuidei de exaltar em verso ou prosa
 aquilo que a alma viu
 antre a doce dureza e mansidão,
 primores de beleza desusada;
 mas, quando quis voar ao Ceo, cantando,
 entendimento e engenho me cegou
 luz de tão alto preço.

Naquela alta pureza deleitosa,
 que ao mundo se encubriu,
 e nos olhos angélicos, que são
 senhores desta vida destinada,
 e naqueles cabelos, que soltando
 ao manso vento, a vida me enredou,
 me alegro e entristeço.

Saüdade e sospeita perigosa,
 que Amor constituiu
 por castigo daqueles que se vão;
 temores, penas dalma desprezada,
 fera esquivança, que me vai tirando
 o mantimento que me sustentou,
 a tudo me ofereço.

Amor isento a uns olhos me entregou,
nos quais Deos conheço.

Fontes quinhentistas: PR - 83; RH - 45; e RI- 53. *Fonte básica*: RI - 53. O
texto não figura nos manuscritos que trouxemos à colação e sempre foi
publicado, até aqui, como ode. Emmanuel Pereira Filho, entretanto, no
livro *Uma forma provençalesca na lírica de Camões*, com argumentos sóli-
dos, revelou o comiato da canção, como está em Faria e Sousa, e que
certamente teria desaparecido por censura religiosa preventiva, a partir
mesmo da primeira edição das *Rhythmas*, em 1595. Como é evidente,
para a mentalidade inquisitorial da época, Deus não poderia ser visto
nos olhos de uma mulher...

ODES

I

Fogem as neves frias
dos montes, que já agora reverdecem
as árvores sombrias;
as verdes ervas crecem
e o prado ameno de mil cores tecem.

Zéfiro brando aspira;
suas setas Amor afia agora;
Progne Ieda suspira
e Filomena chora;
o Ceo da fresca terra se enamora.

Vai Vênus Citarea
com os coros das Ninfas rodeada;
a linda Panopea,
despida e delicada,
com as duas irmãs acompanhada.

Emquanto as oficinas
dos Ciclopes Vulcano está queimando,
vão colhendo boninas
as Ninfas, e cantando,
a terra com o ligeiro pé tocando.

Dece do duro monte
    Diana, já cansada da espessura,
    buscando a fresca fonte,
    onde, por sorte dura,
    perde o Actéon a natural figura.

Assi se vai passando
    a doce primavera e seco estio;
    trás ele vem chegando
    despois o inverno frio,
    que também passará por certo fio.

Ir-se-á embranquecendo
    com a frígida neve o seco monte;
    e Júpiter, chovendo,
    turbará a clara fonte;
    temerá o marinheiro a Orionte.

Porque, emfim, tudo passa;
    não sabe o tempo ter firmeza em nada;
    e nossa vida escassa
    corre tão apressada
    que, quando se começa, é acabada.

Que foram dos Troianos
    Hector temido, Eneas piadoso?
    Consomiram-te os anos,
    ó Cresso poderoso,
    sem te valer teu ouro precioso.

Todo o contentamento
    crias que estava em ter tesouro ufano?
    O' falso pensamento!
    Que à custa do teu dano,
    do douto Sólon creste o desengano!

O bem que aqui se alcança
    não dura por possante, nem por forte;
    que a bem-aventurança,
    durável, de outra sorte
    se há-de alcançar da vida pera a morte.

Porque, emfim, nada basta
    contra o terríbel fim da noite eterna;
    nem pode a deosa casta
    tornar à luz superna
    Hipólito da escura noite Averna.

Nem Teseo esforçado,
    com manha, nem com força rigorosa,
    livrar pode o ousado
    Pirítoo da espantosa
    prisão Letea, escura e tenebrosa.

Fontes quinhentistas: PR - 71; Ms. Jur. - 29; MA - 32 v.; e RI - 64 v. *Fontes básicas*: Ms. Jur. - 29 e MA - 32 v.

II

Pode um desejo imenso
    arder no peito tanto,
    que à branda e à viva alma o fogo intenso
    lhe gaste as nódoas do terreno manto;
    e purifique em tanta alteza o esprito
    com olhos imortais,
    que faz com que lea mais do que vê escrito.

Que a flama que se acende
    alto tanto alumia,
    que, se o nobre desejo ao bem se estende,
    que nunca viu, a sente claro dia;
    e lá vê, do que busca o natural,
    a graça, a viva côr,
    noutra espécie milhor, que a corporal.

Pois vós, claro exemplo
    de viva fermosura,
    que de tão longe cá noto e contemplo
    nalma, que este desejo sobe e apura;
    não creais que não vejo aquela imagem
    que as gentes nunca vem,
    se de humanas não tem muita ventagem.

Que, se os olhos ausentes
  não vem a compassada
  proporção, que das cores excelentes
  de pureza e vergonha é variada;
  da qual a Poesia que cantou
  até qui só pinturas,
  com mortais fermosuras igualou;

se não vem os cabelos
  que o vulgo chama de ouro,
  e se não vem os claros olhos belos
  de quem cantam que são do Sol tesouro;
  e se não vem do rosto as excelências,
  a quem dirão que deve
  rosa, cristal e neve as aparências;

vem logo a graça pura,
  a luz alta e serena
  que é raio da divina fermosura
  que nalma imprime e nalma reverbera,
  assi como cristal do Sol ferido,
  que por fora derrama
  a recebida flama, esclarecido.

E vem a gravidade
  com a viva alegria
  que misturada tem, de qualidade
  que ũa de outra nunca se desvia;
  nem deixa ũa de ser arreceada
  por leda e por suave,
  nem outra, por ser grave, muito amada.

E vem do honesto siso
    os altos resplandores
    temperados com o doce e alegre riso
    a cujo abrir abrem no campo as flores;
    as palavras discretas e suaves,
    das quais o movimento
    fará deter o vento e as altas aves;

dos olhos o virar
    (que torna tudo raso)
    do qual não sabe o engenho divisar
    se foi por artifício, ou feito a caso;
    da presença os meneos e a postura,
    o andar e o mover-se,
    donde pode aprender-se a fermosura.

Aquele não sei quê,
    que aspira não sei como,
    que, invisível saindo, a vista o vê,
    mas pera o compreender não lhe acha tomo;
    o qual toda a Toscana poesia,
    que mais Febo restaura,
    em Beatriz nem em Laura nunca via;

em vós a nossa idade,
    Senhora, o pode ver,
    se engenho e ciência e habilidade,
    igual à fermosura vossa der,
    como eu vi no seu longo apartamento,
    qual em ausência a vejo.
    Tais asas dá o desejo ao pensamento!

Pois se o desejo afina
ũ'alma acesa tanto,
que por vós use as partes da divina,
por vós levantarei não visto canto,
que o Bétis me ouça, e o Tibre me levante;
que o nosso claro Tejo
envolto um pouco o vejo e dissonante.

O campo não o esmaltam
flores, mas só abrolhos
o fazem feo; e cuido que lhe faltam
ouvidos para mi, para vós olhos.
Mas faça o que quiser o vil costume,
que o Sol, que em vós está,
na escuridão dará mais claro lume.

Fontes quinhentistas: Ms. Jur. - 28; MA - 27; e RI - 59 v. *Fontes básicas*:
Ms. Jur. - 28 e MA - 27.

TERCETOS

I

Aquela que de amor descomedido
 pelo fermoso moço se perdeo
 que só por si de amores foi perdido,

despois que a deosa em pedra ã converteo
 de seu humano gesto verdadeiro,
 a última voz lhe concedeo;

assi meu mal do próprio ser primeiro
 outra cousa nenhũa a me consente
 que este canto que escrevo derradeiro.

E se algũa pouca vida, estando ausente,
 me deixa Amor, é porque o pensamento
 sinta a perda do bem de estar presente.

Senhor, se vos espanta o sentimento
 que tenho em tanto mal, para escrevê-lo
 furto este breve tempo a meu tormento.

Porque quem tem poder para sofrê-lo,
 sem se acabar a vida com cuidado,
 também terá poder para dizê-lo.

Nem eu escrevo mal tão costumado,
   mas nalma minha, triste e desditosa,
   a saúdade escreve, e eu traslado.

Ando gastando a vida trabalhosa,
   espalhando cantina a saúdade
   ao longo de ũa praia saúdosa.

Do mar contemplo a instabilidade,
   como, com seu ruído impetuoso,
   retumba na maior concavidade.

E com sua branca escuma, furioso,
   na terra, a seu pesar, lhe está tomando
   lugar onde se estenda, cavernoso.

Ela, como mais fraca, lhe está dando
   as côncavas entranhas, onde esteja
   suas salgadas ondas espalhando.

A todas estas causas tenho enveja
   tamanha, que não sei determinar-me,
   por mais determinado que me veja.

Se quero em tanto mal desesperar-me,
   não posso, porque Amor e Saúdade
   nem licença me dão pera matar-me.

Às vezes, cuido em mim se a novidade,
   se a estranheza das causas, com a mudança,
   se poderão mudar ũa vontade.

E com isto afiguro na lembrança
a nova terra ao novo trato humano,
com a estrangeira gente e estranha usança.

Subo-me ao monte que Hércules Tebano
do altíssimo Calpe dividiu,
dando caminho ao mar Mediterrano.

Dali estou tenteando donde viu
o jardim das Hespéridas, matando
a serpe que a seu passo resistiu.

E noutra parte estou afigurando
o poderoso Anteu que, derribado,
mais força se lhe ia acrescentando;

mas do hercúleo braço sojugado,
no ar deixou a vida, não podendo
da madre terra já ser ajudado.

Nem com isto, emfim, que estou dizendo,
nem com as armas tão continuadas,
de lembranças passadas me defendo.

Todas as cousas vejo remendadas,
porque o tempo ligeiro não consente
que estejam de firmeza confirmadas.

Vi já que a Primavera, de contente,
de terrestres estrelas revestia
o monte, o campo, o raio alegremente.

Vi já das altas aves a harmonia,
que até os muito tristes convidava
a um suave modo de alegria.

Vi já que tudo, emfim, me contentava,
e que, de muito cheo de firmeza,
um mal por mil prazeres não trocava.

Tal me tem a mudança e estranheza
que, se vou pelos campos, a verdura
parece que se seca, de tristeza.

Mas isto é já costume da ventura;
que aos olhos que vivem descontentes,
decontente o prazer se lhe afigura.

O' graves e insofríveis acidentes
de Fortuna e de Amor, que penitência
tão grave dais aos peitos inocentes!

Não basta experimentar-me a paciência,
com temores e falsas esperanças,
sem que também me tente o mal de ausência?

Trazeis um brando ânimo em mudanças,
pera que nunca possa ser mudado
de lágrimas, suspiros e esquivanças.

E se estiver ao mal acostumado,
também no mal não consentis firmeza,
pera que nunca viva descansado.

Vivia eu sossegado na tristeza,
   e ali me não faltou um brando engano,
   que tivesse os desejos da fraqueza.

E vendo-me enganado estar ufano
   deu a Fortuna à roda e deu comigo,
   onde de novo choro o novo dano.

Já deve de bastar o que aqui digo
   pera dar a entender o mais que calo,
   a quem já viu tão áspero perigo.

E se nos bravos peitos faz abalo
   um peito magoado e descontente,
   que obriga a quem o ouvir a consolá-lo;

não quero mais senão que largamente,
   Senhor, me mandeis novas dessa terra:
   ao menos poderei viver contente.

Porque se o duro Fado me desterra
   tanto tempo do bem que o fraco esprito
   desampara a prisão onde se encerra,

ao som das negras agoas de Cocito,
   ao pé dos carregados arvoredos
   cantarei o que na alma tenho escrito.

E entre aqueles hórridos penedos,
   a quem negou Natura o claro dia,
   entre tormentos tristes e entre medos,

com a trêmula voz, cansada e fria,
celebrarei o gesto claro e puro
que nunca perderei da fantasia.

E o músico de Trácia, já seguro
de perder sua Eurídice, tangendo
me ajudará, rompendo o ar escuro.

As namoradas sombras, revolvendo
memórias do passado, me ouvirão;
e, com seu choro, o rio irá crescendo.

Em Salmoneu as penas faltarão,
e das filhas de Belo, juntamente,
de lágrimas os vasos se encherão.

Que se amor não se perde em vida ausente,
menos se perderá por morte escura;
que em fim nossa alma vive eternamente,

e Amor, que é afeito d'alma, sempre dura.

Fontes quinhentistas: PR - 68; LF - 2 v.; Ms. Jur. - 17 v.; RH - 55 v.; e RI - 74.
Fontes básicas: LF - 2 v. e Ms. Jur. - 17 v.

II

Aquele mover de olhos excelente,
   aquele vivo esprito inflamado
   do cristalino rosto transparente;

aquele gesto imoto e repousado,
   que, estando nalma ao natural escrito,
   não pode ser em carta tresladado;

aquele parecer, que é infinito
   para se compreender de engenho humano,
   o qual ofendo em quanto tenho dito,

me inflama o coração de um doce engano,
   me enleva e engrandece a fantasia,
   que não sei milhor glória que meu dano.

Oh! bem-aventurado seja o dia
   em que tomei tão doce pensamento,
   que de todos os outros me desvia!

E bem-aventurado o sofrimento
   que soube ser capaz de tanta pena,
   porque o foi da causa o entendimento!

Faça-me, quem me mata, o mal que ordena;
   trate-me com enganos, desamores;
   que então me salva, quando me condena.

E se de tão suaves disfavores
   penando vive ũa alma consumida,
   oh! que doce penar! que doces dores!

E se ũa condição endurecida
   também me nega a morte por meu dano,
   oh! que doce morrer! que doce vida!

E se me mostra um gesto brando e humano,
   como que de meu mal culpada se acha,
   oh! que doce mentir! que doce engano!

E se em querer-lhe tanto ponho tacha,
   mostrando refrear meu pensamento,
   oh! que doce fingir! que doce cacha!

Assi que ponho já no sofrimento
   a parte principal de minha glória,
   tomando por milhor todo o tormento.

Se sinto tanto bem só na memória
   de ver-vos, linda Dama, vencedora,
   que quero eu mais que ser vossa a vitória?

Se tanto vossa vista mais namora
   quanto sou menos para merecer-vos,
   que quero eu mais que ter-vos por Senhora?

Se procede este bem de conhecer-vos
e acaba-se o vencer em ser vencido,
que quero eu mais, Senhora, que querer-vos?

Se em meu proveito faz qualquer partido,
com a vista de uns olhos tão serenos,
que quero eu mais que ser por vós perdido?

Se meus baixos espritos, de pequenos,
ainda não merecem seu tormento,
que quero eu mais, que o mais não seja o menos?

A causa, enfim, me esforça o sofrimento,
porque, a pesar do mal, que me resiste,
de todos os trabalhos me contento;

que a rezão faz a pena doce ou triste.

Fontes quinhentistas: PR - 84; LF - 48; M - 194 v.; Ms. Jur. - 21 v.; TT - 124 v.;
E - 10; RH - 59 v.; e RI - 81. *Fontes básicas*: LF - 48, M - 194 v. e Ms. Jur. - 21 v.

SEXTINA

Foge-me pouco a pouco a curta vida,
   se por caso é verdade que inda vivo;
   vai-se-me o breve tempo d'ante os olhos;
   choro pelo passado, e emquanto falo
   se me passam os dias passo a passo;
   vai-se-me, emfim, a idade e fica a pena.

Que maneira tão áspera de pena!
   Que nunca ũa hora viu tão longa vida
   em que possa do mal mover-se um passo.
   Que mais me monta ser morto, que vivo?
   Para que choro, emfim? Para que falo,
   se lograr-me não pude de meus olhos?

O' fermosos, gentis e claros olhos,
   cuja ausência nos meus já foi tanta pena,
   quanta se não compreende emquanto falo!
   Se, no fim de tão longa e curta vida,
   de vós me inda inflamasse o raio vivo,
   por bom teria tudo quanto passo.

Mas bem sei que primeiro o extremo passo
   me há-de vir a fechar os tristes olhos,
   que Amor me mostre aqueles por que vivo.
   Testemunhas serão a tinta e a pena,
   que escreverão de tão molesta vida
   o menos que passei, e o mais que falo.

Oh! que não sei que escrevo, nem que falo!
   Que se de um pensamento noutro passo,
   vejo tão triste gênero de vida,
   que, se lhe não valerem tantos olhos,
   não posso imaginar qual seja a pena
   que treslade esta pena com que vivo.

Nalma tenho contino um fogo vivo,
   que, se não respirasse no que falo,
   estaria já feita em cinza a pena;
   mas no maior ardor que sufro e passo
   me temperam as lágrimas dos olhos
   com que fugindo não se acaba a vida.

Morrendo estou na vida, e em morte vivo;
   vejo sem olhos, e sem língua falo;
   e juntamente passo glória e pena.

Fontes quinhentistas: PR - 82; LF - 31 v.; RH - 42; e RI - 68 v. *Fonte básica*:
LF - 31 v.

OITAVAS

A Dom Antônio de Noronha,
sobre o desconcerto do mundo.

Quem pode ser no mundo tão quieto,
ou quem terá tão livre o pensamento?
Quem tão exprimentado e tão discreto,
tão fora, emfim, de humano entendimento
que, ou com púbrico efeito, ou com secreto,
lhe não revolva e espante o sentimento,
deixando-lhe o juízo quase incerto,
ver e notar do mundo o desconcerto?

Quem há que veja aquele que vivia
de latrocínios, mortes e adultérios,
que ao juízo das gentes merecia
perpétua pena, imensos vitupérios,
se a Fortuna em contrário o leva e guia,
mostrando, emfim, que tudo são mistérios,
em alteza de estados triunfante,
que, por livre que seja, não se espante?

Quem há que veja aquele que tão clara
teve a vida que em tudo por perfeito
o próprio Momo às gentes o julgara,
ainda que lhe não vira aberto o peito,
se a má Fortuna, ao bem somente avara,

o reprime e lhe nega seu direito,
que lhe não fique o peito congelado,
por mais e mais que seja exprimentado?

Demócrito dos deoses proferia
que eram só dous: a Pena e Benefício.
Segredo algum será da fantasia;
e que eu achar não posso claro indício;
que, se ambos vem por não cuidada via
a quem os não merece, é grande vício
em deoses sem justiça e sem razão.
Mas Demócrito o disse, e Paulo não.

Dir-me-eis que, se este estranho desconcerto
novamente no mundo se mostrasse,
que, por livre que fosse e mui experto,
não era de espantar se me espantasse;
mas que já de Sócrates foi certo
que nenhum grande caso lhe mudasse
o vulto, ou de sabido, ou de constante,
que tome exemplo dele, e não me espante.

Parece a razão boa; mas eu digo
que este uso da Fortuna tão danado
que, quanto mais usado e mais antigo,
tanto mais estranhado e blasfemado;
porque se o Ceo, das gentes inimigo,
não dá à Fortuna tempo limitado,
não é para causar mui grande espanto
que mal tão mal oulhado dure tanto.

Outro espanto maior aqui me enlea;
que, comquanto Fortuna tão profana
com estes desconcertos senhorea,
a nenhũa pessoa desengana.
Não há ninguém que assente nem que crea
este discurso vão da vida humana,
por mais que filosofe, nem que entenda,
que algum pouco do mundo não pretenda.

Diógenes pisava de Platão,
com seus sórdidos pés, o rico estrado,
mostrando outra mais alta presunção
em desprezar o fausto tão prezado.
"– Diógenes, não vês que extremos são
esses que segues de mais alto estado?
Se desse desprezar te prezas muito,
já pretendes do mundo fama e fruito?"

Deixo agora reis grandes, cujo estudo
é fartar esta sede cobiçosa
de querer dominar e mandar tudo,
com fama larga e pompa sumtuosa.
Deixo aqueles que tomam por escudo
de seus vícios e vida vergonhosa
a nobreza de seus antecessores;
e não cuidam de si que são piores.

E deixo ainda a quem do sono esperta
um vão favor do rei que serve e adora,
que se mantém desta aura falsa, incerta,
que de corações tantos é senhora.

Deixo aqueles que estão com a boca aberta,
por se encher de tesouros, de hora em hora,
doentes desta falsa hidropesia
que, quanto mais alcança, mais queria.

Deixo outras obras vãs do vulgo errado,
a quem não há ninguém que contradiga,
nem é doutra algũa a cousa sojugado
que de ũa opinião e usança antiga.
Mas pergunto ora a César esforçado,
ou a Platão divino, que me diga
este das muitas terras em que andou,
estoutro, de vencê-las, que alcançou.

César dirá: "– Sou dino de memória;
vencendo vários povos esforçados
um monarca no mundo! E larga história
ficará dos meus feitos sublimados!"
É verdade! mas esse mando e glória
lograste-o muito tempo? Os conjurados
Bruto e Cássio o dirão! Que, se venceste,
emfim, emfim, às mãos dos teus morreste!

Dirá Platão: "– Por ver o Etna e o Nilo,
fui à Sicília, ao Egito e a outras partes,
só por ver e escrever em alto estilo
da natural ciência em muitas artes!"
– O tempo é breve, e queres consumi-lo.
Platão, todo em trabalhos? E repartes
tão mal de teu estudo as breves horas
que, emfim, do falso Febo o filho adoras?

Que monta mais mandar que ser mandado?
Que monta mais ser simples, que sabido,
se tudo, emfim, tem término forçado,
se tudo está aos Fados sometido?
Do mando o temor vem; que, exprimentado,
foi claro de Democles, e entendido.
Do saber, como o conta Salomão,
os trabalhos e a muita indinação.

Pois, depois que do mundo está apartada
a alma desta prisão terrestre, escura,
está em tamanhas cousas ocupada,
que da Fama, que fica, nada cura.
Pois, se o corpo terreno sente nada,
o Cínico o dirá se, porventura,
no campo, onde deitado morto estava,
de si os cães e as aves enxotava.

Quem tão baixa tivesse a fantasia
que nunca em mores cousas a metesse
que levar o seu gado à fonte fria
e mungir-lhe do leite que comesse,
quão bem-aventurado que seria!
Que, por mais que Fortuna revolvesse,
nunca em si sentiria maior pena
que pesar-lhe da vida ser pequena.

Veria erguer do sol a roxa face,
veria correr sempre a clara fonte,
sem imaginar a ágoa donde nace,
nem quem a luz esconde no horizonte.

Tangendo o gado donde o gado pace,
conheceria as ervas do alto monte;
em Deos creria, simples e quieto,
sem mais especular nenhum secreto.

De um certo Trasilau se lê e escreve,
entre as cousas da velha Antiguidade,
que perdido um grão tempo o siso teve,
por causa de ũa grande enfermidade;
e emquanto, de si fora, doudo esteve,
tinha por teima e cria por verdade
que eram suas as naus que navegavam,
quantas no Porto Píreo ancoravam.

Por um senhor mui grande se teria
(além da vida alegre que levava),
pois nas que se perdiam não perdia,
e das que vinham salvasse alegrava.
Não tardou muito tempo quando, um dia,
Um Crito seu irmão, que ausente estava,
à terra chega; e vendo o irmão perdido,
do fraternal amor foi comovido.

Aos médicos o entrega; e com aviso
o faz estar à cura refusada.
Triste, que por tornar-lhe o caro siso
lhe tira a doce vida descansada!
As ervas Apolíneas, de improviso,
o tornam à saúde atrás passada.
Sesudo, Trasilau ao caro irmão
agardece a vontade, a obra não.

Porque, depois de ver-se no perigo
 dos trabalhos que o siso o obrigava,
 e depois de não ver o estado antigo
 que a vã opinião lhe apresentava:
 "– O' inimigo irmão, com cor de amigo,
 para que me tiraste (sospirava)
 da mais quieta vida e livre em tudo
 que nunca pôde ter nenhum sesudo?

Por que rei, por que duque me trocara?
 Por que senhor de grande fortaleza?
 Que me dava que o mundo se acabara,
 nem que a ordem mudara a natureza?
 Agora me é pesada a vida cara;
 sei que cousa é trabalho! E tristeza!
 Torna-me a meu estado, que eu te aviso
 que na doudice só consiste o siso."

Vedes aqui, Senhor, bem claramente,
 como a Fortuna em todos tem poder,
 senão só, no que menos sabe e sente,
 em quem nenhum desejo pode haver.
 Este só pode rir da cega gente;
 neste não pode nada acontecer;
 nem estará suspenso na balança
 do temor mau, da pérfida esperança.

Mas se o sereno Ceo me concedera
 qualquer humilde, honesto e doce estado,
 onde com minhas Musas só vivera,
 sem ver-me em alheas terras apartado;

e ali outrem ninguém me conhecera,
nem eu conhecera outro mais honrado,
senão só a vós, assi, como eu contente,
que bem sei que o fôreis facilmente;

e ao longo de ũa clara e pura fonte,
que, em borbulhas nascendo, convidasse
ao doce passarinho que nos conte
quem da cara consorte o apartasse;
despois, cobrindo a neve o verde monte,
ao gasalhado o frio nos levasse,
avivando o juízo ao doce estudo,
mais certo manjar d'alma, emfim, que tudo;

cantara-nos aquele que tão claro
o fez o fogo da árvore Febea,
a qual ele, em estilo grande e raro
louvando, o cristalino rio enfrea;
tangera-nos na frauta Sannazzaro,
ora nos montes, ora pela aldea;
passara celebrando o Tejo ufano
o brando e doce Lasso castelhano.

E conosco também se achara aquela
cuja lembrança e cujo claro gesto
nalma somente vejo porque nela
está (em essência, puro e manifesto,
por alta influição de minha estrela),
mitigado o fermoso peito honesto,
entretecendo rosas com os cabelos,
de quem tomasse a luz o Sol em vê-los.

E ali, emquanto as flores acolhesse,
  ou pelo Inverno ao fogo acomodado,
  quanto de mi sentira nos dissesse,
  de puro amor o peito salteado,
  não pediria então que Deos me desse
  de Trasilau o insano e doudo estado,
  mas que então me dobrasse o entendimento,
  por ter de tanto bem conhecimento.

Mas para onde me leva a fantasia?
  Por que imagino em bem-aventuranças
  se tão longe a Fortuna me desvia
  que inda me não consente as esperanças?
  Se um novo pensamento Amor me cria
  onde o lugar, o tempo, as esquivanças
  do bem me fazem tão desamparado
  que não pode ser mais que imaginado?

Fortuna, emfim, co Amor se conjurou
  contra mi, porque mais me magoasse;
  Amor a um vão desejo me obrigou,
  só pera que a Fortuna mo negasse.
  A este estado o tempo me achegou,
  e nisto quis que a vida se acabasse,
  se em mim há acabar-se, o que eu não creio;
  que até da muita vida me arreceio.

Fontes quinhentistas: PR - 80; Ms. Jur. - 25 v.; LF - 20; C - 8 v.; RH - 60 v.;
e RI - 82. *Fontes básicas*: Ms. Jur. - 25 v. e LF - 20.

ÉCLOGAS

I

Almeno e Agrário, pastores

Ao longo do sereno
    Tejo, suave e brando,
    num vale de altas árvores sombrio,
    estava o triste Almeno
    sospiros espalhando
    ao vento e doces lágrimas ao rio.
    No derradeiro fio
    o tinha a esperança
    que, com doces enganos,
    lhe sustentara a vida tantos anos
    nũa a amorosa e branda confiança;
    que, quem tanto queria
    parece que não erra, se confia.

A noite escura dava
    repouso aos cansados
    animais, esquecidos da verdura;
    o vale triste estava
    com uns ramos carregados
    que faziam a noite mais escura.
    Mostrava a espessura
    um temeroso espanto;

as roucas rãs soavam
num charco d'ágoa negra, e ajudavam
do pássaro noturno o triste canto;
o Tejo, com um som grave,
corria mais medonho que suave.

Como toda a tristeza
no silêncio consiste,
parecia que o vale estava mudo;
e, com esta graveza,
estava tudo triste.
Porém o triste Almeno mais que tudo,
tomando por escudo
de sua doce pena,
pera poder sofrê-la,
estar imaginando a causa dela,
que em tanto mal é cura bem pequena.
Maior é o tormento
que toma por alívio um pensamento.

Ao rio se queixava,
com lágrimas em fio,
com que cresciam as ondas outro tanto.
Seu doce canto dava
tristes ágoas ao rio,
e o rio triste som ao doce canto.
Com o cansado pranto,
que as ágoas refreava,
responde o vale umbroso.
Da mansa voz o acento temeroso
na outra parte do rio retumbava,
quando, da fantasia,
o silêncio rompendo, assi dizia:

Almeno

Corre suave e brando
　　com tuas claras ágoas,
　　saídas de meus olhos, doce Tejo,
　　fé de meus males dando,
　　pera que minhas mágoas
　　sejam castigo igual de meu desejo;
　　que, pois em mi não vejo
　　remédio, nem o espero,
　　e a morte se despreza
　　de me matar, deixando-me à crueza
　　daquela por quem meu tormento quero,
　　saiba o mundo meu dano,
　　porque se desengane em meu engano.

Já que minha ventura,
　　ou quem me a causa ordena,
　　que por paga da dor tome sofrê-la,
　　será mais certa cura
　　pera tamanha pena
　　desesperar de haver já cura nela.
　　Porque, se minha estrela,
　　causou tal esquivança,
　　consinta meu cuidado
　　que me farte de ser desesperado,
　　pera desenganar minha esperança,
　　que para isso naci,
　　para viver na morte, e ela em mi.

Não cesse meu tormento
　　de fazer seu ofício,
　　que aqui tem sempre ũa alma ao jugo atada;

nem falte o sofrimento,
porque parece vício
para tão doce mal faltar-me nada.
O' Ninfa delicada,
honra da natureza!
Como pode isto ser,
que de tão peregrino parecer
pudesse proceder tanta crueza?
Não vem de nenhum jeito
de causa divinal contrário efeito.

Pois como pena tanta
    é contra a causa dela?
    Fora é do natural minha tristeza.
    Mas a mi que me espanta?
    Não basta, ó Ninfa bela,
    que podes perverter a Natureza?
    Não é gentileza
    de teu gesto celeste
    fora do natural?
    Não pode a natureza fazer tal;
    tu mesma, bela Ninfa, te fizeste;
    porém porque tomaste
    tão dura condição, se te formaste?

Por ti, o alegre prado
    me é pesado e duro;
    abrolhos me parecem suas flores.
    Por ti, do manso gado,
    como de mi, não curo,
    por não fazer ofensa a teus amores.
    Os jogos dos pastores,
    as lutas entre a rama,

nada me faz contente;
e sou já do que fui tão diferente
que quando por meu nome alguém me chama,
pasmo, quando conheço,
que inda comigo mesmo me pareço.

O gado que apacento
são nalma meus cuidados
e as flores que no campo sempre vejo,
são no meu pensamento
teus olhos debuxados,
com que estou enganando meu desejo.
Ágoas frias do Tejo
de doces se tornaram
ardentes e salgadas,
depois que minhas lágrimas cansadas.
com seu puro licor se misturaram,
como quando mistura
Hipânis com o Exampeo sua ágoa pura.

Se aí no mundo houvesse
ouvires-me algũa hora
assentada na praia deste rio,
e de arte te dissesse
o mal que passo agora
que pudesse mover-te o peito frio!
O' quanto desvario
que estou afigurando!
Já agora meu tormento
não pode pedir mais ao pensamento
que este fantasiar que, imaginando,
a vida me reserva.
Querer mais, de meu mal, será soberba.

Já a esmaltada Aurora
    descobre o triste manto
    das sombras, que as montanhas encobria.
    Descansa, frauta, agora,
    que meu cansado canto
    não merece que veja o claro dia.
    Não canse a fantasia
    de estar em si pintando
    o gesto delicado,
    emquanto traz ao pasto o manso gado
    este pastor que lá só vem falando,
    calar-me-ei somente,
    que meu mal nem ouvir se me consente.

Agrário

Fermosa manhã clara, deleitosa,
    que como fresca rosa na verdura
    te mostras bela e pura, marchetando
    as nuvens, espalhando teus cabelos
    nos verdes montes belos; tu só fazes,
    quando a sombra desfazes, triste e escura,
    fermosa a espessura e fresca a fonte,
    fermoso o alto monte e o rochedo,
    fermoso o arvoredo, deleitoso,
    emfim, tudo fermoso. Com o teu rosto
    de ouro e rosas composto e claridade
    trazes a saudade ao pensamento,
    mostrando num momento o roxo dia,
    com a doce harmonia nos cantares
    dos pássaros a pares, que, voando,
    seu pasto andam buscando nos raminhos,
    para os amados ninhos, que mantem.

O' grande e sumo bem da Natureza!
Estranha sutileza de pintora,
que matizas nũa a hora, de mil cores,
o céu, a terra, as flores, monte e prado!
O' tempo já passado! quão presente
te vejo abertamente na vontade!
Camanha saüdade tenho agora
do tempo que a pastora minha amava,
e de quanto prezava minha dor!
Então tinha o amor maior poder,
então num só querer nos igualava,
porque, quando um chamava a quem queria,
o eco respondia da afeição
no brando coração da doce imiga.
Nesta amorosa liga concertavam
os tempos, que passavam com prazeres.
Mostrava a flava Ceres polas eiras
das brancas sementeiras ledo fruito,
pagando seu tributo aos lavradores;
enchia os pastores todo o prado
Pales, do manso gado guardadora,
Zéfiro e a fresca Flora passeando,
os campos esmaltando de boninas;
nas ágoas cristalinas triste estava
Narciso, que inda olhava nágoa pura
sua linda figura delicada;
mas Eco namorada de seu gesto,
com pranto manifesto, seu tormento
no derradeiro acento lamentava.
Ali também se achava o sangue tinto
do purpúreo Jacinto, e o destroço
de Adónis, lindo moço, morte fea,
da bela Citarea tão chorada;

toda a terra esmaltada destas rosas.
Ali as Ninfas fermosas pelos prados,
os Faunos namorados após elas,
mostrando-lhe capelas de mil cores,
que faziam das flores que colhiam;
as Ninfas lhe fugiam amedrontadas,
as árvores alçadas pelos montes.
A fresca ágoa das fontes espalhar-se,
Vertuno transformar-se ali se via;
Pomona que trazia os doces fruitos;
ali pastores muitos, que tangiam
as gaitas que traziam, e, cantando
estavam enganando suas penas,
tomando das Sirenas o exercício.
Ouvia-se Salício lamentar-se,
da mudança queixar-se crua e fea,
da dura Galatea tão fermosa;
e da morte envejosa Nemoroso
ao monte cavernoso se querela,
que sua Elisa bela em pouco espaço
cortara inda em agraço a dura sorte.
O' imatura morte, que a ninguém
de quantas vidas tem, nunca perdoas!
Mas tu, Tempo, que voas apressado,
um deleitoso estado quão asinha
nesta vida mesquinha transfiguras
em mil desaventuras, e a lembrança
nos deixas por herança do que levas!
Assi que se nos cevas com prazeres,
é para nos comeres no milhor.
Cada vez em pior te vás mudando;
quanto vens inventando, que hoje aprovas,
logo amanhã reprovas com instância!

O' estranha inconstância e tão profana
de toda a cousa humana inferior,
a quem o cego error sempre anda anexo!
Mas eu de que me queixo? ou que digo?
Vive o tempo comigo, ou ele tem
culpa no mal que vem da cega gente?
Porventura ele sente, ou ele entende
aquilo que defende o ser divino?
Ele usa de contino seu oficio,
que já por exercício lhe é devido:
dá-nos fruito colhido na sazão
do fermoso Verão; e, no Inverno,
com seu humor eterno congelado,
do vapor alevantado, com a quentura
do Sol, a terra dura lhe dá alento,
pera que o mantimento produzindo
estê sempre cumprindo seu costume;
assi que, não consume de si nada,
nem muda da passada vida um dedo,
antes sempre está quedo no devido,
porque este é seu partido e sua usança;
e nele esta mudança é mais firmeza
Mas quem a lei despreza e pouco estima
de Quem de lá de cima está movendo
o Ceo sublime e horrendo, o mundo puro,
este muda o seguro e firme estado
do tempo, não mudado da verdade.
Não foi naquela idade de ouro claro
o firme tempo caro e excelente?
Vivia então a gente moderada;
sem ser a terra arada, dava pão;
sem ser cavado, o chão o fruito dava;
nem-chuva desejava, nem quentura;

supria então Natura o necessário.
Pois quem foi tão contrário a esta vida?
Saturno que, perdida a luz serena,
causou que em dura pena desterrado
fosse do Ceo deitado, onde vivia,
porque os filhos comia, que gerava.
Por isso se mudava o tempo igual
em mais baixo metal, e as si decendo
nos veio assi trazendo a este estado.
Mas eu, desatinado, aonde vou?
Para onde me levou a fantasia?
Que estou gastando o dia em vãs palavras?
Quero ora minhas cabras ir levando
ao manso Tejo brando, porque achar
no mundo que emendar, não é de agora;
basta que a vida fora dele tenho;
com meu gado me avenho, e estou contente.
Porém, se me não mente a vista, eu vejo
nesta praia do Tejo estar deitado
Almeno, que, enlevado em pensamentos,
as horas e os momentos vai gastando:
para ele vou chegando, só por ver
se poderei fazer que o mal que sente
um pouco se lhe ausente da memória.

Almeno

O' doce pensamento, ó doce glória!
    São estes porventura os olhos belos
    que tem de meus sentidos a vitória?

São estas, Ninfa, as tranças dos cabelos
    que fazem de seu preço o ouro alheio,
    e a mi, de mi mesmo, só com vê-los?

É esta a alva coluna, o lindo esteio,
    sustentador das obras mais que humanas,
    que eu nos braços tenho, e não o creio?

Ah! falso pensamento, que me enganas!
    Fazes-me pôr a boca onde não devo,
    com palavras de herege, e quase insanas!

Como alcançar-te tão alto assi me atrevo?
    Tais asas dou-tas eu, ou tu mas dás?
    Levas-me tu a mi, ou eu te levo?

Não poderei eu ir onde tu vás?
    Porém, pois ir não posso onde tu fores,
    quando fores, não tornes onde estás.

Agrário

O' que triste sucesso foi de amores
    o que a este pastor aconteceo,
    segundo ouvi contar a outros pastores!

Que tanto por seu dano se perdeo,
    que o longo imaginar em seu tormento
    em desatino o Amor lhe converteo.

O' forçoso vigor do pensamento,
    que pode noutra cousa estar mudando
    a forma, a vida, o siso, o entendimento!

Está-se um triste amante transformando
    na vontade daquela que tanto ama,
    de si sua própria essência transportando.

E nenhũa outra cousa mais desama
que a si, se vê que em si há algum sentido
que deste fogo insano não se inflama.

Almeno, que aqui está tão influído
no fantástico sonho, que o cuidado
lhe traz sempre os olhos esculpido,

está-se-lhe pintando de enlevado,
que tem já da fantástica pastora
o peito adamantino mitigado.

E neste doce engano estava agora
falando como em sonhos; mas achando
ser vento o que sonhava, grita e chora.

Destarte andava o sonho enganando
o pastor sonolento, que a Diana
andava entre as ovelhas celebrando;

destarte a nuvem falsa em forma humana,
o vão pai dos Centauros contentava,
(que Amor, quando contenta, sempre engana);

como a este que consigo só falava,
cuidando que falava de enlevado,
com quem lhe o pensamento afigurava.

Não pode quem quer muito ser culpado
em nenhum erro, quando vem a ser
o amor em doudice transformado.

Não é Amor, amor, se não vier
    com doudices, desonras, dissensões,
    pazes, guerras, prazer e desprazer,

perigos, lingoas más, mumurações,
    ciúmes, arruídos, competências,
    temores, mortes, nojos, perdições.

Estas são verdadeiras penitências
    de quem põe o desejo onde não deve,
    de quem engana alheas inocências.

Mas isto tem Amor, que não se escreve
    senão onde é ilícito e custoso;
    e onde é mor perigo mais se atreve.

Passava o tempo, alegre e deleitoso,
    o Troano pastor, enquanto andava
    sem ter alto desejo e perigoso.

Seus furiosos touros coroava,
    em os álamos altos escrevia
    teu nome, Enone, quando a ti só amava.

Creciam os altos álamos, crecia
    o amor que te tinha; sem perigo
    e sem rumor contente te servia.

Mas depois que deixou entrar consigo
    ilícito desejo e pensamento,
    de sua quietação tão inimigo,

a toda a pátria pôs em detrimento,
   com morte de parentes e de irmãos,
   com cru incêndio e grande perdimento.

Nisto fenecem pensamentos vãos,
   tristes serviços mal galardoados,
   cuja glória se passa dantre as mãos.

Lágrimas e suspiros arrancados
   dalma, todos se pagam com enganos,
   e oxalá fossem muitos enganados.

Andam com seu tormento tão ufanos,
   gastando na doçura dum cuidado
   após ũa esperança, tantos anos.

E tal há tão perdido e namorado,
   tão contente com pouco, que daria,
   por um só mover de olhos, todo o gado.

E em todo o povoado e companhia,
   sendo ausentes de si, estão presentes
   com quem lhe pinta sempre a fantasia.

Com um certo não sei quê estão contentes,
   e logo um nada os torna a o contrário,
   de todo o ser humano diferentes.

Ó tirânico Amor, ó caso vário,
   que obrigas um querer que sempre seja
   de si contino e áspero adversário!

E outra hora nenhũa a alegre esteja,
    senão quando do seu despojo amado
    sua imiga estar triunfando veja!

Quero falar com este, que enredado
    nesta cegueira está sem nenhum tento.
    Acorda já, pastor desacordado!

Almeno

Oh! porque me tiraste um pensamento
    que agora estava os olhos debuxando,
    de quem aos meus foi doce mantimento?

Agrário

Nessa imaginação estás gastando
    o tempo e a vida, Almeno? O' perda grande!
    Não vês quão maios dias vás passando?

Almeno

Fermosos olhos, ande a gente e ande,
    que nunca vos saireis desta alma minha,
    por mais que o tempo corra e a morte mande.

Agrário

Quem poderá cuidar que tão asinha
    se perca o curso assi do siso humano,
    que corre por direita e justa linha?

Que sejas tão perdido por teu dano,
    Almeno irmão, não é por certo aviso,
    mas mui grande doudice e grande engano.

Almeno

Ó Agrário, que vendo o doce riso,
  e o rosto tão fermoso como esquivo,
  o menos que perdi foi todo o siso.

E não entendo, dês que fui cativo,
  outra cousa de mi, senão que mouro;
  nem isto entendo bem, pois inda vivo.

À sombra deste umbroso e verde louro
  passo a vida, ora em lágrimas cansadas,
  ora em louvores dos cabelos de ouro.

Se perguntares porque são choradas,
  ou porque tanta pena me consume,
  revolvendo memórias magoadas:

dês que perdi da vista o claro lume,
  e perdi a esperança e a causa dela,
  não choro por razão, mas por costume.

Não se pode com o Fado ter cautela;
  nem pode nenhum grande entendimento
  fugir do que lhe ordena sua estrela.

Que eu bem livre vivia e bem isento,
  sem nunca ser ao jugo sometido
  de nenhum amoroso pensamento!

Lembra-me, Agrário amigo, que o sentido
  tão fora de amor tinha, que me ria
  de quem por ele via andar perdido.

De variadas cores me vestia,
de boninas a fronte coroava,
nenhum pastor cantando me vencia.

A barba então nas faces me apontava;
na luta, no correr e em qualquer manha,
sempre a palma entre todos alcançava.

Da minha idade tenra, e em tudo estranha,
vendo, como acontece, afeiçoadas
muitas Ninfas do rio e da montanha,

com palavras mimosas e forjadas
da solta liberdade e livre peito,
as trazia contentes e enganadas.

Não consentindo Amor que, deste jeito,
dos corações andasse triunfando
em quem ele criou tão puro afeito,

pouco e pouco me foi de mi levando,
dissimuladamente às mãos de quem
toda esta injúria agora está vingando.

Agrário

Deste teu caso, Almeno, eu sei mui bem
o princípio e o fim, que Nemeroso
contado tudo isso, e mais, me tem.

Mas quero-te dizer: se o enganoso
Amor é costumado a desconcertos
que nunca amando fez pastor ditoso,

já que nele estes casos são tão certos,
porque os estranhas tanto, que de mágoa
te choram as montanhas e os desertos?

Vejo-te estar gastando em viva frágoa,
e juntamente em lágrimas vencendo,
o monte Etna em fogo e o Nilo em ágoa.

Vejo que tuas cabras não querendo
gostar as verdes ervas, emagrecem,
as testas aos cabritos encolhendo.

Os campos que com o tempo reverdecem,
os olhos alegrando descontentes,
em te vendo, parece que entristecem.

Todos os teus amigos e parentes,
que lá da serra vem por consolar-te,
sentindo nalma a pena que tu sentes,

se querem de teus males apartar-te,
deixando a casa e gado vás fugindo
como Cervo ferido, a outra parte.

Não vês que Amor, as vidas consumindo,
vive só de vontades enlevadas
no falso parecer de um gesto lindo?

Nem as ervas das ágoas desejadas
se fartam; nem de flores, as abelhas;
nem este amor, de lágrimas cansadas.

Quantas vezes, perdido entre as ovelhas,
   chorou Febo de Dafne as esquivanças,
   regando as flores brancas e vermelhas?

Quantas vezes as ásperas mudanças
   o namorado Galo tem chorado
   de quem o tinha envolto em esperanças?

Estava o triste amante recostado,
   chorando ao pé de um freixo o triste caso
   que o falso Amor lhe tinha destinado;

por ele o sacro Pindo e o grão Parnaso
   na fonte de Aganipe destilando,
   o faziam de lágrimas um vaso.

Vinha o intonso Apelo ali culpando
   a sobeja tristeza perigosa
   com ásperas palavras reprovando:

– Galo, porque endoudeces? que a fermosa
   Ninfa que tanto amaste, descobrindo
   por falsa a fé que dava, é mentirosa,

pelas Alpinas neves vai seguindo
   outro bem, outro amor, outro desejo,
   como inimiga, emfim, de ti fugindo.

Mas o mísero amante, que o sobejo
   mal empregado amor lhe defendia
   ter de tamanha fé vergonha ou pejo,

da falsífica Ninfa não sentia
    senão que o frio do gelado Reno
    os delicados pés lhe ofenderia.

Ora se tu vês claro, amigo Almeno,
    que de Amor os desastres são de sorte
    que para matar basta o mais pequeno,

porque não pões um freio a mal tão forte
    que em estado te põe que, sendo vivo,
    já não se entende em ti vida nem morte?

Almeno

Agrário, se do gesto fugitivo
    por caso da fortuna desastrado,
    nalgum tempo deixar de ser cativo;

ou sendo pera as Ursas degradado,
    onde Bóreas tem o Oceano
    com os frios Hiperbóreos congelado;

ou onde o filho de Climene insano
    mudando a cor das gentes totalmente,
    as terras apartou do trato humano;

ou se por qualquer outro acidente,
    deixar este cuidado tão ditoso,
    por quem sou de ser triste tão contente:

este rio, que passa deleitoso,
    tornando por detrás, irá negando
    à natureza o curso pressuroso;

e as feras pelo mar irão buscando
    seu pasto e andar-se-á pola espessura
    das ervas o delfim apacentando.

Ora, se tu vês nalma, quão segura
    tenho esta fé e amor, para que insistes
    nesse conselho e prática tão dura?

Se tu dessa porfia não desistes,
    vai apastar teu gado a outra parte;
    que é dura a companhia para os tristes.

Ũa só cousa quero encomendar-te,
    para repouso algum de meu engano,
    antes que o tempo, emfim, de mi te aparte:

que, se esta fera que anda em trajo humano
    vires pela montanha andar vagando,
    de meu despojo rica e de meu dano,

com os espritos vivos inflamando
    o ar, o monte e a serra, que consigo
    continoamente leva namorando;

se queres contentar-me como amigo,
    passando, lhe dirás: – Gentil pastora,
    não há no mundo vício sem castigo.

Tornada em duro mármore não fora
    a fera Anaxarete, se amoroso
    mostrara o rosto angélico algũ'hora.

Foi bem justo o castigo rigoroso;
  porém quem te ama, Ninfa, não queria
  dano tão feo em gesto tão fermoso.

Agrário

Tudo farei, Almeno, e mais faria
  por te ver algũa hora descansado,
  se se acabam trabalhos algum dia.

Mas bem vês como Febo, já empinado,
  me manda que da calma iníqua e crua
  recolha em algum vale o manso gado.

Tu, nessa fantasia falsa tua,
  pera engano maior de teu perigo
  não queres companhia senão a sua.

Vou-me de ti e fique Deos contigo;
  e ficarás milhor acompanhado.

Almeno

Esse contigo vá, porque comigo
  abasta bem que fique o meu cuidado.

Fontes quinhentistas: PR - 89; CrB - 27; LF - 32 v.; M - 139; RH - 81; e RI - 102.
Fontes básicas: CrB - 27, LF - 32 v. e M - 139.

AO DUQUE D'AVEIRO

Halieuto pescador. Agrário pastor

II

A rústica contenda desusada
    entre as Musas dos bosques, das areas,
    de seus rudos cultores modulada,

a cujo som, atônitas e alheas,
    do monte as brancas vacas estiveram,
    e do rio as saxátiles lampreas,

desejo de cantar; que, se moveram
    os troncos e as avenas dos pastores
    e os silvestres brutos sospenderam,

não menos o cantar dos pescadores
    as ondas amansou do alto pégo,
    e fez ouvir os mudos nadadores.

E se, por sustentar-se, o Moço cego
    nos trabalhos agrestes a alma inflama,
    o que é mais próprio no ócio, e no sossego;

mais maravilhas dando à voz da fama,
    no mesmo mar undoso e vento frio,
    brasas roxas acende a roxa flama.

Vós, ó ramo de um tronco alto e sombrio,
    cuja frondente coma já cubriu
    de Luso todo o gado e senhorio;

e cujo são madeiro já saiu
    a lançar a forçosa e larga rede
    no mais remoto mar que o mundo viu;

e vós, cujo valor tão alto excede
    que, a cantá-la em voz alta e divina,
    a fonte de Parnaso move a sede;

ouvi da minha humilde sanfonina
    a harmonia que vós alevantais
    tanto, que de vós mesmo a fazeis dina.

E se, agora que afábil me escutais,
    não ouvirdes cantar com alta tuba
    o que vos deve o mundo que dourais;

se os Reis avós vossos, que de Juba
    os reinos devastaram, não ouvis
    que nas asas do verso excelso suba;

senão sabem as frautas pastoris
    pintar de Toro os campos, semeados
    de armas, corpos fortes e gentis

por um moço animoso sustentados
    contra o indómito pai de toda a Espanha
    contra a Fortuna vã e injustos Fados;

um Moço, cujo esforço, ânimo e manha
   fez decer do Olimpo o duro Marte
   e dar-lhe a quinta Esfera, que acompanha;

se não sabem cantar a menos parte
   do sapiente peito e grão conselho,
   que pôde, ó Reino ilustre, descansar-te;

peito que o douto Apelo fez, vermelho,
   deixar o sacro Monte, e às nove irmãs
   diz que a ele se afeitem, como a espelho:

saberão só cantar as suas vãs
   contendas, de Halieuto vil e Agrário,
   um de escamas cuberto, outro de lãs.

Vereis, Duque sereno, o estilo vário,
   a nós novo, mas noutro mar cantado,
   de um, que só foi das Musas secretário:

o pescador Sincero, que amansado
   tem o pégo de Próquita com o canto
   pelas sonoras ondas compassado.

Deste seguindo o som, que pode tanto,
   e misturando o antigo Mantuano,
   façamos novo estilo e novo espanto.

Partira-se do monte Agrário insano,
   pera onde a força só do pensamento
   lhe encaminhava o lasso peso humano.

Embebido num longo esquecimento
    de si, e do seu gado e pobre fato,
    após de um doce sonho e fingimento,

rompendo as silvas hórridas do mato,
    vai por cima de outeiros e penedos,
    fugindo emfim, de todo humano trato.

Ante os seus olhos leva os olhos ledos
    da branca Dinamene, que enverdece,
    só com o meneo, os vales e rochedos.

Ora se ri consigo, quando tece
    na fantasia algum prazer fingido;
    ora fala; ora mudo se entristece.

Qual a tenra novilha, que corrido
    tem montanhas fragosas e espessuras,
    por buscar o cornígero marido;

e, cansada, nas úmidas verduras
    cair se deixa ao longo do ribeiro,
    já quando as sombras vem decendo escuras;

e nem com a noite ao vale seu primeiro
    se lembra de tornar, como soía,
    perdida pelo bruto companheiro.

Tal Agrário chegado, emfim, se via
    onde o grão pégo horríssono suspira
    nũa praia arenosa, úmida e fria.

Tanto que ao mar estranho os olhos vira
    tornando em si, de longe ouviu tocar-se
    de douta mão, não vista, e nova lira.

Fê-lo o som desusado desviar-se
    pera onde mais soava, desejando
    de ouvir e conversar, e de provar-se.

Não tinha muito espaço andado, quando
    nũa concavidade de um penedo
    que, pouco e pouco, fora o mar cavando,

topou com um pescador que, pronto e quedo,
    nũa pedra assentado, brandamente
    tangendo, fazia o mar sereno e ledo.

Mancebo era de idade florecente,
    pescador grande do alto, conhecido
    pelo nome de toda a úmida gente.

Halieuto se chama, que perdido
    era pela fermosa Lemnoria,
    Ninfa que tem o mar enobrecido.

Por ela as redes lança noite e dia,
    por ela as ondas túmidas despreza,
    por ela sofre o sol e a chuva fria.

Com o seu nome mil vezes a braveza
    dos ventos feros amansou com o verso,
    que remove das rochas a dureza.

E agora em som de voz suave e terso,
    está seu nome aos ecos ensinando
    por estilo do agreste som diverso;

do qual Agrário atônito, afloxando
    da fantasia um pouco seu cuidado,
    suspenso esteve, os números notando.

Mas Halieuto, vendo-se estorvado
    pelo pastor da música divina,
    alevantando o rosto sossegado,

lhe diz assi: – Vaqueiro da campina,
    que vens buscar às arenosas praias,
    onde a bela Anfitrite só domina?

Que razão há, Pastor, porque te saias
    pera o nosso escamoso e vil terreno
    dos mui floridos mirtos e altas faias?

Que se agora o mar vês brando e sereno,
    e estenderem-se as ondas pela area,
    amansadas das ágoas com que peno,

logo verás o como desenfrea
    Eolo o vento pelo mar undoso,
    de sorte que Netuno o arrecea.

Responde Agrário: – O' músico e amoroso
    pescador, eu não venho a ver o lago
    bravo e quieto, ou o vento brando e iroso!

Mas o meu pensamento, com que apago
   as flamas ao desejo, me trazia
   sem ouvir e sem ver, suspenso e vago,

até que a tua Angélica harmonia
   me acordou, vendo o som com que aqui cantas
   a tua perigosa Lemnoria.

Mas, se de ver-me cá no mar te espantas,
   eu me espanto também do estilo novo
   com que as ondas horríssonas quebrantas;

o qual, posto que certo louvo e aprovo,
   desejo de provar contra o silvestre
   antigo pastoril, que eu mal renovo.

E tu, que no tocar pareces mestre,
   podes julgar se há clara diferença
   entre o novo marítimo e o campestre.

– Não há (disse Halieuto) em mi detença;
   mas antes alvoroço, inda que veja
   que esta tua confiança só me vença.

Mas, porque saibas que nenhũa enveja
   os pescadores tem aos pastores,
   no som que pelo mundo se deseja,

toma a lira na mão, que os moradores
   do vítreo fundo vejo já juntar-se
   pera ouvir nossos rústicos amores.

E bem vês pela praia apresentar-se
    nas conchas vária côr à vista humana,
    e o mar vir por antre elas e tornar-se.

Sossegada do vento a fúria insana,
    encrespa brandamente o ameno rio
    que seu licor aqui mestura e dana.

Este penedo côncavo e sombrio,
    que de cangrejos vês estar cuberto,
    nos dá abrigo do sol, quieto e frio.

Tudo nos mostra, emfim, repouso certo
    e nos convida ao canto, com que os mudos
    peixes saem ouvindo ao ar aberto.

Assi se desafiam estes rudos
    poetas, nos ofícios discrepantes,
    nos engenhos, porém, sotis e agudos.

E já mil companheiras circunstantes
    estavam para ouvir e aparelhavam
    ao vencedor os prêmios semelhantes.

Quando já as liras súbito tocavam,
    Agrário começava, e da harmonia
    os pescadores todos se admiravam;
    e desta arte Halieuto respondia.

Agrário

Vós, semicapros Deoses do alto monte,
    Faunos longevos, Sátiros, Silvanos;

e vós, Deosas do bosque e clara fonte,
ou dos troncos que vivem largos anos,
se tendes pronta um pouco a sacra fronte
a nossos versos rústicos e humanos,
ou me dais já a coroa de loureiro,
ou penda a minha lira dum pinheiro.

Halieuto

Vós, úmidas deidades deste pégo,
    Tritões cerúleos, Próteo, com Palemo;
vós, Nereidas do sal em que navego,
por quem do vento as fúrias pouco temo;
se às vossas ricas aras nunca nego
o congro nadador na pá do remo,
não consintais que a música marinha
vencida seja aqui na lira minha.

Agrário

Pastor se fez um tempo o Moço louro,
    que do sol as carretas move e guia;
ouviu o rio Anfriso a lira douro
que o seu sacro inventor ali tangia.
Io foi vaca, Júpiter foi touro;
mansas ovelhas junto da ágoa fria
guardou o fermoso Adónis; e tornado
em bezerro Netuno foi já achado.

Halieuto

Pescador já foi Glauco, o qual agora
    deos é do mar; e Próteo focas guarda.

Naceo no pégo a deosa, que é senhora
do amoroso prazer, que sempre tarda.
Se foi bezerro o deos, que o mar adora,
também já foi Delfim; e quem resguarda
verá que os moços pescadores eram
que o escuro enigma ao primo Vate deram.

Agrário

Fermosa Dinamene, se dos ninhos
os implumes penhores já furtei
à doce filomena; e dos mortinhos
pera ti (fera!) as flores apanhei;
e se os crespos madronhos nos raminhos
a ti, com tanto gosto, apresentei,
por que não dás a Agrário desditoso
um só revolver d'olhos piadoso?

Halieuto

Pera quem trago eu d'ágoa, em vaso cavo,
os curvos camarões vivos saltando?
Pera quem as conchinhas ruivas cavo,
na praia os brancos búzios apanhando?
Pera quem de mergulho, no mar bravo,
os ramos de coral venho arrancando;
senão pera a fermosa Lemnoria,
que, com um só riso, a vida me daria?

Agrário

Quem viu já o desgrenhado e crespo inverno
de altas nuvens vestido, hórrido e feo,

enegrecendo a vista o Ceo superno
quando os troncos arranca o rio cheo;
raios, chuvas, trovões, um triste inferno,
mostra ao mundo um pálido receo;
tal é o amor cioso a quem sospeita
que outrem de seus trabalhos se aproveita.

Halieuto

Se alguém viu pelo alto o sibilante
furor, deitando flamas e bramidos,
quando as pasmosas serras traz diante,
hórrido aos olhos, hórrido aos ouvidos,
e braços derribando o já nutante
mundo, com os Elementos destruídos,
assi me representa a fantasia
a desesperação de ver um dia.

Agrário

Minha alva Dinamene, a Primavera,
que os campos deleitosos pinta e veste,
e, rindo-se, ũa côr aos olhos gera
com que na terra vem o arco celeste;
o cheiro, rosas, flores, a verde hera,
com toda a fermosura amena, agreste,
não é pera meus olhos tão fermosa
como a tua, que abate o lírio e rosa.

Halieuto

As conchinhas da praia que apresentam
a cor das nuvens, quando nace o dia;

o canto das Sirenas, que adormentam;
a tinta que no múrice se cria;
navegar pelas ágoas que se assentam
com o brando bafo quando a sesta é fria,
não podem, Ninfa minha, assi aprazer-me
como ver-te ũa hora alegre ver-me.

Agrário

A deosa que, na Líbica alagoa,
em forma virginal apareceo,
cujo nome tomou, que tanto soa,
os olhos belos tem da cor do ceo;
garços os tem; mas ũa que a coroa
das fermosas do campo mereceo,
da côr do campo os mostra, graciosos
quem diz que não são estes os fermosos?

Halieuto

Perdoem-me as deidades; mas tu, Diva,
que no líquido mármol és gerada,
a luz dos olhos teus, celeste e viva,
tens por vício amoroso atravessada;
nós petos lhe chamamos; mas quem priva
do dia o lume baixa e sossegada,
traz a dos seus nos meus, que o não nego;
e com tudo isso ainda assi estou cego.

Assi cantavam ambos os cultores
do monte e praia, quando os atalharam
a um, pastores; a outro, pescadores;

e quaisquer a seu vate coroaram
de capelas idôneas e fermosas,
que as Ninfas lhe teceram e ordenaram;

a Agrário de murtinhos e de rosas;
a Halieuto de um fio de torcidos
búzios e conchas ruivas e lustrosas.

Estavam na ágoa os peixes embebidos,
com as cabeças fora; e quase em terra
os músicos delfins estão perdidos.

Julgavam os pastores que na serra
o cume e preço está do antigo canto;
que quem o nega contra as Musas erra.

Dizem os pescadores que outro tanto
tem da sonora frauta, quanto teve
o campo pastoril da antiga Manto.

Mas já o pastor de Admeto o carro leve
molhava nágoa amara e compelia
a recolher a roxa tarde e breve;
e foi fim da contenda o fim do dia.

Fontes quinhentistas: PR - 91; RH - 115; e RI - 135. Não sendo o texto encontrado em manuscritos, as fontes básicas são RH e RI.

REDONDILHAS

I

Cantiga a este mote alheio:
  Amores de ũa casada
  que eu vi pelo meu mal.

Voltas

Nũa casada fui pôr
  os olhos de si senhores;
  cuidei que fosse amores,
  eles fizeram-se Amor.
  Fez-se o desejo maior,
  onde remédio não val
  sem perigo de mais mal.

Não me pareceo que Amor
  pudesse tanto comigo;
  mas onde entrou por amigo
  se levantou por senhor.
  Leva-me de dor em dor
  àquele passo mortal,
  que eu terei por menos mal.

Casada, bem vejo eu
  que sois alhea e não vossa;
  mas que deste mal se apossa
  também ser vosso e não meu;
  já que anos amor me deu,
  dai-me vós algum sinal
  de vos pesar de meu mal.

Fontes quinhentistas: Ms. Jur. - 24; RH - 158 v.; RI - 177. *Fonte básica*: Ms. Jur. - 24.

II

TROVAS

A ūa cativa com quem andava
de amores na Índia, chamada Bárbara

Aquela cativa,
    que me tem cativo,
    porque nela vivo,
    já não quer que viva.

Eu nunca vi rosa
    em suaves molhos,
    que pera meus olhos
    fosse mais fermosa.

Rosto singular
    olhos sossegados,
    pretos e cansados,
    mas não de matar.

Ũa graça viva,
    que neles lhe mora,
    pera ser senhora
    de quem é cativa.

Pretos os cabelos,
    onde o povo vão
    perde opinião
    que os louros são belos.

Nem no ceo estrelas,
    nem no campo flores,
    me parecem belas
    como os meus amores.

Pretidão que Amor
    tão doce afigura,
    que a neve lhe jura
    que trocara a côr,

Leda mansidão
    que o siso acompanha;
    bem parece estranha,
    mas bárbara não.

Presença serena
    que a tormenta amansa;
    nela emfim descansa
    toda a minha pena.

Esta é a cativa
    que me tem cativo,
    e, pois nela vivo,
    é força que viva.

Fontes quinhentistas: CrB - 28; RH - 159; RI - 185. *Fonte básica*: CrB - 28.

III

ESPARSA

A ũa Senhora que lhe chamou "cara-sem-olhos"

Sem olhos vi o mal claro
    que dos olhos se seguiu:
    pois cara-sem-olhos viu
    olhos que lhe custam caro.
    De olhos não faço menção,
    pois não quereis que olhos sejam;
    vendo-vos, olhos sobejam,
    não vos vendo, olhos não são.

Fontes quinhentistas: Ms. Jur. - 107 v.; MA - 37; RI - 166 v.; Anedotas da Corte Portuguesa: 167 v. *Fonte básica*: Ms. Jur. 107 v.

IV

Sobre os rios, que vão
    por Babilônia, me achei,
    onde sentado chorei
    as lembranças de Sião
    e quanto nelas passei.

Ali o rio corrente
    de meus olhos foi manado
    e tudo bem comparado:
    Babilônia ao mal presente
    Sião ao tempo passado.

Ali lembranças contentes
    nalma se apresentaram,
    e minhas cousas absentes
    se fizeram tão presentes
    como se nunca passaram.

Ali depois de acordado,
    com o rosto banhado d'ágoa
    deste sonho imaginado,
    sei que todo o bem passado,
    não é gozo, mas é mágoa.

E vi que todos os danos
se geraram das mudanças
e as mudanças dos anos;
onde sei quantos enganos
faz o tempo às esperanças.

Ali vi o maior bem
quão pouco espaço que dura,
o mal quão depressa vem,
e quão triste estado tem
o que espera na ventura.

Vi aquilo que mais val
que então se entende melhor
quanto mais perdido foi;
vi o bem suceder mal
e o mal, muito pior.

E vi com muito trabalho
comprar arrependimento;
vi nenhum contentamento,
e vejo-me a mim, que espalho
tristes palavras ao vento.

Bem são rios estas ágoas
com que banho este papel;
bem parece ser cruel
vaidade de mágoas
e confusão de Babel.

Como homem que por exemplo
da tormenta em que se achou,
depois que a guerra deixou,

pelas paredes do templo
suas armas pendurou.

Assi, depois que assentei
que tudo o tempo gastava,
da tristeza que tomei
nos salgueiros pendurei
os órgãos com que cantava.

Aquele instrumento ledo
deixei da vida passada,
dizendo – Música amada
deixo-vos neste arvoredo
à memória consagrada.

Frauta minha que, tangendo
os montes fazíeis vir
para onde estáveis, correndo;
e as ágoas, que iam decendo,
tornavam logo a sobir.

Jamais vos não ouvirão
os tigres, que se amansavam,
e as ovelhas, que pastavam,
das ervas se fartarão
que por vos ouvir deixavam.

Já não fareis docemente
em rosas tornar abrolhos
na ribeira florecente;
nem poreis freo à corrente,
e mais, se for dos meus olhos.

Não movereis a espessura,
    nem podereis já trazer
    atrás vós a fonte pura,
    pois não pudestes mover
    desconcertos da ventura.

Ficareis oferecida
    à Fama que sempre vela,
    frauta minha tão querida;
    porque, mudando-se a vida,
    se mudam os gostos dela.

Acha a tenra mocidade
    prazeres acomodados,
    e logo a maior idade
    já sente por pouquidade
    aqueles gostos passados.

Um gosto que hoje se alcança
    amanhã já o não vejo;
    assi nos traz a mudança
    de esperança em esperança,
    e de desejo em desejo.

Mas em vida tão escassa
    que esperança será forte?
    Fraqueza da humana sorte,
    que, quanto da idade passa,
    está receitando a morte!

Mas deixar nesta esperança
    o canto da mocidade,
    não cuide a gente futura

que será obra da idade
o que é força da ventura.

Que idade, tempo ou espanto
de ver quão ligeiro passe,
nunca em mi poderão tanto
que, posto que deixe o canto,
a causa dele deixasse.

Mas em tristezas e enojas
em gosto e contentamento
por sol, por neve, por vento,
terné presente á los ojos
por quien muero tan contento.

Órgãos e frauta deixava
despojo meu tão querido,
no salgueiro que ali estava
que para troféu ficava
de quem me tinha vencido.

Mas lembranças da afeição
que ali cativo me tinha,
me perguntaram então:
que era da música minha
que cantava em Sião?

Que foi daquele cantar
das gentes tão celebrado?
Porque o deixava de usar,
pois sempre ajuda a passar
qualquer trabalho passado?

Canta o caminhante ledo
no caminho trabalhoso,
por entre o espesso arvoredo;
e, de noite, o temeroso
cantando, refrea o medo.

Canta o preso docemente
os duros grilhões tocando;
canta o segador contente;
o trabalhador, cantando,
o trabalho menos sente.

Eu, que estas cousas senti,
nalma de mágoas tão chea,
como dirá (respondi)
quem tão alheo está de si
doce canto em terra alhea?

Como poderá cantar
quem em choro banha o peito?
Porque se quem trabalhar
canta por menos cansar,
eu só descansos enjeito.

Que não parece razão
nem seria cousa idônea,
por abrandar a paixão,
que cantasse em Babilônia
as cantigas de Sião.

Que, quando a muita graveza,
de saüdade quebrante
esta vital fortaleza,

antes morra de tristeza
que, por abrandá-la, cante.

Que se o fino pensamento
só na tristeza consiste,
não tenho medo ao tormento:
que morrer de puro triste,
que maior contentamento?

Nem na frauta cantarei
o que passo, e passei já,
nem menos o escreverei,
porque a pena cansará,
e eu não descansarei.

Que, se vida tão pequena
se acrecenta em terra estranha,
e se amor assi o ordena,
razão é que canse a pena
de escrever pena tamanha.

Porém se, para assentar
o que sente o coração,
a pena já me cansar,
não canse para voar
a memória em Sião.

Terra bem-aventurada,
se, por algum movimento,
dalma me fores mudada,
minha pena seja dada
a perpétuo esquecimento.

A pena deste desterro,
      que eu mais desejo esculpida
      em pedra ou em duro ferro
      essa nunca seja ouvida
      em castigo de meu erro.

E se eu cantar quiser,
      em Babilônia sujeito,
      Hierusalém, sem te ver,
      a voz, quando a mover,
      se me congele no peito.

A minha língua se apeque
      às fauces, pois te perdi,
      se, em quanto viver assi,
      houver tempo em que te negue
      ou que me esqueça de ti.

Mas tu, ó terra de glória,
      se eu nunca sei tua essência,
      como me lembras em absência?
      Não me lembras na memória,
      senão na reminiscência.

Que a alma é taboa rasa,
      que, com a escrita doutrina
      celeste, tanto imagina,
      que voa da própria casa
      e sobe à pátria divina.

Não é logo a soïdade
      das terras onde naceo
      a carne; mas é do Ceo,

daquela santa cidade,
donde esta alma decendeo.

E aquela humana figura,
que cá me pôde alterar,
não é a que se há de buscar:
é raio da fermosura
que só se deve de amar.

Que os olhos e a luz que atea
o fogo que cá sujeita,
não do sol, mas da candea,
é sombra daquela Idea
que em Deos está só perfeita.

E os que me cativaram
são poderosos efeitos
que os corações tem sujeitos;
sofistas que me ensinaram
maus caminhos por direitos.

Destes, o marido tirano
que obriga, com desatino,
a cantar ao som do dano
cantares de amor profano
por versos de amor divino.

Mas eu, lustrado co santo
Raio, na terra de dor,
da confusão e de espanto,
como hei de cantar o canto
que só se deve ao Senhor?

Tanto pode o benefício
    da Graça, que dá saúde,
    que ordena que a vida mude;
    e o que tomei por vício
    me faz grau para a virtude.

E faz que este natural
    amor, que tanto se preza,
    suba da sombra ao Real,
    da particular beleza
    para a beleza geral.

Fique logo pendurada
    a frauta com que tangi,
    ó Hierusalém sagrada,
    e tome a lira dourada,
    para só cantar de ti!

Não cativo e ferrolhado
    na Babilônia infernal,
    mas dos vícios desatado,
    e cá deste a ti levado,
    Pátria minha natural.

E se eu der a cerviz
    a mundanos acidentes,
    duros, tiranos e urgentes,
    risque-se quanto já fiz
    do grão livro dos viventes.

E tomando já na mão
    a lira santa e capaz
    doutra mais alta invenção,

cale-se esta confusão,
cante-se a visão da paz.

Ouça-me o pastor e o Rei
retumbe este acento santo,
mova-se no mundo espanto,
que do que já mal cantei
a Palinódia já canto.

A vós me quero ir,
Senhor e grão e Capitão
da alta torre de Sião,
à qual não posso sobir
se me vós não dás a mão.

No grão dia singular
que na lira o douto som
Hierusalém celebrar,
lembrai-vos de castigar
os roins filhos de Edom.

Aqueles que tintos vão
no pobre sangue inocente,
soberbos com o poder vão,
arraisai-os igualmente,
conheçam que humanos são.

E aquele poder tão duro
dos efeitos com que venho,
que encendem a alma e engenho,
que já me entravam o muro
do livre arbítrio que tenho;

estes, que tão furiosos,
    gritando vem a escalar-me,
    maus espíritos danosos,
    que querem como forçosos
    do alicerce derribar-me;

derribai-os, fiquem sós,
    de forças fracos, imbeles,
    porque não podemos nós
    nem com eles ir a Vós,
    nem sem Vós tirar-nos deles.

Não basta minha fraqueza,
    para me dar defensão,
    se vós, santo Capitão,
    nesta minha fortaleza
    não puserdes guarnição.

E tu, ó carne que encantas,
    filha de Babel tão fea,
    toda de misérias chea,
    que mil vezes te levantas,
    contra quem te senhorea.

Beato só pode ser
    quem com a ajuda celeste
    contra ti prevalecer,
    e te venha inda a fazer
    o mal que lhe tu fizeste.

Que com disciplina crua
    se fere mais que ũa vez,
    cuja alma, de vícios nua,

faz nódoas na carne sua,
que já a carne e nalma fez

E beato quem tomar
    seus pensamentos recentes
    e em nacendo os afogar
    por não virem a parar
    em vícios graves e urgentes.

Quem com eles logo der
    na pedra do furor santo,
    e, batendo, ou desfizer
    na pedra, que veio a ser
    emfim cabeça do Canto.

Quem logo, quando imagina
    nos vícios da carne má,
    os pensamentos declina
    àquela Carne divina
    que na Cruz esteve já.

Quem do vil contentamento
    cá deste mundo visível,
    quanto ao homem for possível,
    passar logo o entendimento
    para o mundo inteligível.

Ali achará alegria
    em tudo perfeita e chea,
    de tão suave harmonia
    que nem, por pouca, recrea,
    nem, por sobeja, enfastia.

Ali verá tão profundo
        mistério na suma alteza
        que, vencida a natureza,
        os mores faustos do mundo
        julgue por maior baixeza.

Ó tu, divino aposento,
        minha pátria singular!
        Se só com te imaginar
        tanto sobe o entendimento,
        que fará se em ti se achar?

Ditoso quem se partir
        pera ti, terra excelente,
        tão justo e tão penitente:
        que, depois de a ti sobir
        lá descanse eternamente.

Fontes quinhentistas: PR - 85; CrB - 11; M - 112; RH - 135; e RI - 154. *Fontes básicas*: CrB - 11 e M - 112.

NOTAS E COMENTÁRIOS

Antes de qualquer anotação ou de qualquer comentário, convém indicar as normas de transcrição textual aqui seguidas, já que os textos foram apurados à luz de manuscritos quinhentistas, não sendo assim mera reprodução da tradição impressa. Nos manuscritos, não há qualquer uniformidade gráfica, sendo extremamente escassa a pontuação. Por isso, os sinais de pontuação são de nossa exclusiva responsabilidade, ao lado das seguintes normas de transcrição textual: representação moderna dos ditongos nasais; grafia com -*i* ou com -*u* das semivogais, com exceção de *ceos* e *Deos*, que ficam assim, em respeito às formas linguísticas da época de Camões; emprego da letra *h* conforme o uso moderno; substituição de *y* por *i*; simplificação das consoantes geminadas ou dobradas; fusão de duas vogais iguais numa só, quando não indiquem possível hiato na pronúncia da época; emprego do til conforme o uso moderno; utilização do *m* ou do *n* para indicar nasalidade medial e do *m* para indicar nasalidade final; uso das letras *j* e *v* no lugar de *i* e *u* com valor consonantal; emprego do apóstrofo para indicar certos casos de elisão vocálica; regularização do uso de maiúsculas e de acentos indicadores de tonicidade; uso do trema para indicar diérese obrigatória; conservação de certas oscilações gráficas do tipo -sc ou -c- mediais, em respeito à provável pronúncia da época: [s], como em *crescer* e *crecer*; uso moderado de sinais de pontuação, conforme o critério sintático; desenvolvimento de abreviaturas; separação de vocábulos conglomerados e junção de partes separadas do mesmo vocábulo; uso de colchetes para indicar qualquer restauração por acréscimo e de parênteses para indicar qualquer caso de supressão de elementos no texto; e respeito absoluto a todas as formas linguísticas da época, que devem ficar intactas.

Em seguida, por gêneros poéticos, vejamos as notas e os comentários aos textos aqui reunidos:

SONETOS

I – Pela tradição impressa, o terceiro verso seria: "que em vós os debuxais ao natural", numa imagem banal ou trivial. Na verdade, segundo a lição dos manuscritos, são os campos e os arvoredos que debuxam, delineiam ou desenham, em si próprios, as águas que discorrem da altura dos rochedos, numa imagem estético-visual essencialmente dinâmica.

II – A tradição impressa, a partir do segundo verso, uniformizou o uso da palavra *vida*, empobrecendo o vocabulário do soneto: "tão cedo desta vida descontente". Muito provavelmente, entretanto, aí se tem *corpo* e não *vida*, como se tem *mundo* no sexto verso e não *vida*. O substantivo *corpo*, em sentido filosófico-religioso, refere-se à matéria de que todos somos constituídos, em oposição à *alma*, nossa parte imaterial. A partir do Maneirismo, começa a desarticular-se a harmonia clássica existente entre os dois termos do binômio *corpo* e *alma*, numa tensão que iria chegar às últimas consequências no Barroco.

III – Por censura religiosa preventiva, desde as duas primeiras edições quinhentistas das *Rimas* aos nossos dias, alguns versos do soneto em causa foram alterados, como neste caso: "o teu sagrado templo visitei", modificado para: "teu soberano templo visitei". O 12º verso, pela tradição impressa, apresenta-se igualmente corrompido, iniciando-se por *Nela...* ou por *Nelas...*, no lugar de *Neles...* , ou seja, nos *despojos doces*.

IV – O soneto também se apresenta, em vários de seus versos, alterado pela tradição impressa. O texto em questão é bem representativo da estética maneirista na lírica de Camões.

V – O soneto em foco também não se apresenta, na tradição impressa, fiel às suas origens manuscritas. Trata-se de outro texto em que transparece a estética da dúvida, própria do Maneirismo.

VI – A temática do soneto vem das *Metamorfoses* (Livro X), de Ovídio. Oleno, que era filho de Zeus, pediu aos deuses que também o transformassem em pedra, como haviam feito com sua própria mulher.

VII – Note-se que a palavra *escritura*, no sexto verso, tem o sentido de *texto* ou *poema*.

VIII – O lago Estígio ou Estige, nos Infernos, tornava invulnerável quem mergulhasse em suas águas profundas e geladas. Em RI, o oitavo verso ("lhe dá no Estígio lago eterno ninho") foi completamente alterado: "Em morte lhe converte o caro ninho". E, daí por diante, o texto aparece sempre alterado. No 12º verso, *Frecheiro* designa o pequeno deus do Amor, que é Cupido.

IX – A palavra *gesto*, no 12º verso, tem o sentido de semblante, fisionomia ou aparência física.

X – Representamos, com inicial maiúscula, ideias ou entidades abstratas personificadas, como: *Ventura, Fortuna* e *Amor*.

XI – Segundo Faria e Sousa, o verso em espanhol (*la vuestra falsa fe, y el amor mío*) é do poeta Boscán.

XII – *Feitor*, no terceiro verso, refere-se ao Criador.

XIII – Trata-se de outro soneto bastante representativo da estética maneirista na lírica de Camões, como se vê claramente.

XIV – Mantemos *ceo*, no lugar de *céu*, em respeito à forma linguística da época. Note-se que vários versos do soneto em questão foram alterados pela tradição impressa, a partir mesmo do *incipit*.

XV – A forma *rezão* é popular e coexiste, em Camões, com a forma erudita: *razão*. O soneto exprime bem a temática do tempo na lírica camoniana de influxo maneirista, tornando-se precários todos os valores materiais, em face da brevidade da vida.

XVI – No sétimo verso, notar que o advérbio *i* é forma arcaica de *aí*.

XVII – No terceiro verso, *Menino* é o mesmo que *Cupido*, pequeno e travesso deus do Amor. No soneto, as setas se identificam com os raios de ouro que saem dos olhos da mulher amada, aí morando Cupido.

XVIII – O soneto aparece alterado pela tradição impressa, a partir mesmo do *incipit*: "Tempo é já que minha confiança" no lugar de "Rezão é já que minha confiança".

XIX – No nono verso, *apartamento* é o mesmo que *afastamento*.

XX – O tema da fugacidade do tempo, que aqui também transparece, é de cunho nitidamente maneirista.

XXI – O 13º verso, sem o "co" igual a *com o*, ficaria com uma sílaba a menos. No caso, seguimos a melhor tradição impressa.

XXII – No quarto verso, a tradição impressa manteve a palavra *prêmio* no lugar de *soldada*, esta última forma dominante nos manuscritos e, muito provavelmente, a que foi escrita pelo Poeta.

XXIII – No terceiro verso, *mouro* é igual a *morro*. No século XVI, havia as três formas: *mouro, moiro* e *morro*. Note-se que as águas do rio Lete, no Inferno, provocavam esquecimento.

XXIV – Soneto tipicamente maneirista, não apenas pela crescente dúvida ou hesitação, mas sobretudo pelas tensões que se estabelecem entre sentimentos ou ideias antagônicas.

XXV – Como em outros exemplos, o modelo do soneto em causa é outro de Petrarca: "L'amante nel amato si transforma". A ideia é platônica. No texto, *liada* é o mesmo que *ligada* (8º verso); *semidea* e *idea* são formas linguísticas da época, ainda sem o desenvolvimento da vogal em ditongo, tendo-se modernamente: semideia e ideia; e *assi* é igual a *assim*, só posteriormente ocorrendo a nasalização do /i/, por influência de "sim" (arcaico: *si*), antônimo de: *não*, que resultou do intermediário: *nam*. Latim: *Non*.

XXVI – Como em outros casos já aqui indicados, a temática do soneto deixa transparecer, claramente, a estética maneirista.

CANÇÕES

I – Canção de nítida influência petrarquista, talvez uma das primeiras escritas pelo Poeta.

II – A canção, até aqui publicada como ode, apresenta o comiato que lhe revelou Faria e Sousa. A propósito, ver o livro *Uma forma provençalesca na lírica de Camões*, de Emmanuel Pereira Filho. Rio de Janeiro: Gernasa, 1974.

ODES

I – Sem dúvida, Camões inspirou-se na Ode VII, do Livro IV, de Horácio, para compor o texto em questão. *Zéfiro*: vento que anuncia a primavera; *Progne*: a andorinha; *Filomena*: o rouxinol; *Citarea*: o que é venerável na ilha de Cítera; *Júpiter*: alusão ao planeta que, segundo a astrologia da época, desencadeava os ventos e as chuvas; *Orionte*: constelação que produz as tempestades marítimas; *Hector* e *Eneas*: heróis da guerra de Troia; *Cresso*: rei da Lídia, célebre por sua riqueza em ouro; *Hipólito*: enteado de Fedra, o qual perdeu a vida por recusar-se a ter relações incestuosas com ela; *Teseu* e *Perítoo*: personagens que figuram na Ode de Horácio, acima indicada. Note-se que Cresso somente aparece no texto camoniano, como inovação do Poeta, em relação à ode horaciana. O texto inteiro está centrado na temática da fugacidade do tempo e da brevidade da vida, bem própria da estética maneirista. A "prisão Letea" é a Morte, que aguarda a todos.

II – A ode, muitas vezes, tem sido citada para exemplificar o platonismo na lírica de Camões. Nela, também há clara herança medieval da chamada "mística do êxtase", capaz de levar o homem à contemplação de Deus, face a face. *Terreno manto*: o corpo, que envolve a alma; *Beatriz* e *Laura*: musas, respectivamente, de Dante e de Petrarca; *Bétis*: rio Guadalquivir.

Mantemos a forma "vem" no lugar de "veem", em respeito à possível pronúncia da época. Trata-se de uma das mais belas odes camonianas.

TERCETOS

I – Trata-se de uma elegia em forma de epístola (carta) dirigida pelo Poeta a D. Antônio de Noronha, seu jovem amigo, residente em Lisboa. O Poeta, ao que se admite, encontrava-se em Ceuta.

II – Famosa composição em tercetos italianos, exaltando a beleza da mulher amada. Sem dúvida, é um dos pontos altos do lirismo camoniano.

SEXTINA

Aqui se tem a única sextina camoniana realmente autêntica, já que as demais são apócrifas. O texto se insere, claramente, na estética maneirista. Como nos demais poemas, a tradição impressa alterou vários versos, por má leitura das fontes manuscritas, aqui devidamente respeitadas.

OITAVAS

A célebre composição em oitavas, aqui selecionadas, sobre as contradições ou absurdo do mundo, a que o Poeta chama *desconcerto*, é um dos pontos altos da obra lírica de Camões, como se pode ver.

ÉCLOGAS

I – A écloga ou égloga em questão desenvolve o tema de um jovem que enlouqueceu de amor.

II – Trata-se de uma écloga piscatória, nela

estabelecendo-se o diálogo entre um pescador e um pastor. Foi dedicada ao segundo Duque de Aveiro, D. João de Lencastre, que recebeu o título em 1571, ainda moço.

REDONDILHAS

I – Tendo o Poeta andado de amores com uma mulher casada, afinal por ela se apaixonou, e isso para o seu mal. Na última estrofe, que a tradição impressa suprimiu, espera que a mulher casada tenha piedade dele.

II – Doce madrigal a uma mulher cativa, por quem o Poeta se diz cativo de amor. Trata-se de uma das mais famosas redondilhas camonianas, talvez por sua graça espontânea e por sua simplicidade de estilo. Deve ser apresentada em quadras e não em oitavas.

III – A esparsa, em bom estilo maneirista, desenvolve trocadilhos entre as palavras *cara* e *caro*, e *olhos* e *sem olhos*, em estilo bem maneirista. Por certo, há aqui alusão à perda de um dos olhos do Poeta.

IV – As redondilhas em questão – aliás famosíssimas – repousam em longa meditação sobre a própria condição humana. Seu ponto de partida é o Salmo 136. Assim, Babilônia e Sião, no texto, são símbolos básicos. Note-se que, no *Cancioneiro de Cristóvão Borges*, só aparece a primeira parte da composição. E isso nos leva a crer que as duas partes tenham sido compostas em épocas diferentes.

NOTA BIOGRÁFICA DE LUÍS DE CAMÕES

Admite-se, mas sem cabal certeza, que o poeta Luís (Vaz) de Camões tenha nascido em 1524 ou 1525, possivelmente em Lisboa. Seus pais: Simão Vaz de Camões e Ana de Sá de Macedo.

Se é certo que estudou em Coimbra, como muitos pensam, nada consta a seu respeito nos arquivos da Universidade local.

A Carta de Perdão – pois esteve preso em 1552, na cadeia do Tronco, depois de ferir Gonçalo Borges, numa procissão de Corpus Christi – refere-se a ele como "um cavaleiro fidalgo" ou fidalgo de pequena nobreza.

Esteve em Ceuta, a serviço do Rei, onde teria ferido o olho direito em combate. Ao regressar a Lisboa, depois de breve estada em Moçambique, participou de serões no Paço, entrando em contato com damas e fidalgos de alta nobreza, mas sem deixar nunca a vida boêmia de poeta.

Em Macau, ao que se admite, exerceu o cargo de provedor dos defuntos e ausentes e lá teria escrito grande parte de *Os Lusíadas*, verdadeira bíblia da nacionalidade portuguesa. De regresso, foi vítima de um naufrágio, como narra na estrofe 128 do canto X:

Este receberá, plácido e brando,
No seu regaço o Canto que molhado
Vem do naufrágio triste e miserando,
Dos procelosos baxos escapado,
Das fomes, dos perigos grandes, quando
Será o injusto mando executado
Naquele cuja Lira sonorosa
Será mais afamada que ditosa.
(*Os Lusíadas*, X, 128)

Esteve ainda preso em Goa, como informam alguns biógrafos, por ordem do governador Francisco Barrete, que o responsabilizou pelo extravio de bens que tinha sob sua guarda e responsabilidade. Em 1561 e 1564, quando foi Vice-Rei D. Francisco Coutinho, seu amigo e admirador, chegou a desfrutar de certo prestígio político e social.

Em 1568, com a ajuda do capitão Pero Barreto Rolim, com quem mais tarde se desentenderia, foi para Moçambique, onde conheceu a miséria e o desamparo. De Moçambique, graças à colaboração de alguns amigos, retomaria a Lisboa, no ano de 1569. Entre esses amigos, fazemos referência especial a Diogo do Couto, que registrou, na *Década VIII* (da Ásia) a sua visita a Camões em Moçambique, onde o encontrou triste e desolado, sobretudo pela morte de Dinamene (uma chinesinha mui linda), que viajava com o Poeta e que morreu no naufrágio na foz do rio Mecom. A ela, segundo o testemunho de Diogo do Couto, foi dedicado o célebre soneto "Alma minha gentil, que te partiste", texto que pertencia ao chamado *Parnaso de Luís de Camões*, manuscrito autógrafo que desapareceu, ninguém mais tendo qualquer notícia dele.

Em Lisboa, dedicou-se apaixonadamente à publicação de *Os Lusíadas*, com duas edições em 1572, sendo considerada autêntica aquela que tem, na portada do livro, a cabeça de um pelicano com o bico voltado para a esquerda do leitor e não a que tem o mesmo pelicano com o bico voltado para a direita do leitor. O texto das duas edições é mais ou menos idêntico, salvo pequenas diferenças gramaticais. Assim, na edição tida como autêntica, no sétimo verso da primeira estrofe, lê-se: "E entre gente remota edificaram" (edição Ee), enquanto na outra se lê: "Entre gente remota edificaram" (edição E).

A tença de quinze mil-réis que passou a receber depois da publicação de *Os Lusíadas*, aliás irregularmente, apenas dava para a sua sobrevivência, pois sempre viveu modestamente.

Afinal, no dia 10 de junho de 1580, falecia em Lisboa o maior Poeta da língua portuguesa de todos os tempos, quase na miséria. Em sua lápide funerária, D. Gonçalo Coutinho mandou gravar a seguinte inscrição: "Aqui jaz Luís de Camões, príncipe dos poetas do seu tempo. Viveu pobre e miseravelmente e assim morreu."

Muitas fantasias foram criadas em torno da vida de Camões, como se pode ver no livro *Vida ignorada de Camões* (1978), de José Hermano Saraiva. A partir de interpretações muito subjetivas de seus poemas, realmente, criaram-se várias teses de amores não comprovados, como é o caso da tese da Infanta D. Maria, que chegou a ser defendida pelo filólogo José Maria Rodrigues e pelo poeta Afonso Lopes Vieira, na edição de textos líricos publicada em 1932. Mas, na verdade, sobre a vida do Poeta, com prova documental, muito pouco há: a sua prisão na cadeia do Tronco, após a briga com Gonçalo Borges; a partida para a Índia, depois da Carta de Perdão; a perda do olho direito em combate; o naufrágio na foz do rio Mecom; a sua breve estada em Moçambique, onde o visitou Diogo do Couto, pouco antes do seu retorno a Lisboa; a publicação de *Os Lusíadas*, em 1572; e a tença que, por causa do poema, veio a receber e que passou à sua mãe, D. Ana de Sá, após a sua morte, ocorrida no dia 10 de junho de 1580. O resto é pura conjectura ou fantasia de biógrafos deslumbrados com a glória imortal de Camões.

ÍNDICE

Por uma autêntica lírica de Camões 7

SONETOS

1 - Alegres campos, verdes arvoredos 21
2 - Alma minha gentil, que te partiste 22
3 - Amor, com a esperança já perdida 23
4 - Busque Amor novas artes, novo engenho 24
5 - Ditoso seja aquele que somente 25
6 - Em fermosa Letea se confia 26
7 - Emquanto quis Fortuna que tivesse 27
8 - Está o lascivo e doce passarinho 28
9 - Eu cantarei de amor tão docemente 29
10 - Grande tempo há que eu soube,
    da Ventura 30
11 - O cisne, quando sente ser chegada 31
12 - O culto divinal se celebrava 32
13 - Oh! como se me alonga, de ano em ano 33
14 - Quando da bela vista e do seu riso 34
15 - Que me quereis, perpétuas saüdades? 35
16 - Que poderei do mundo já querer 36
17 - Quem pode livre ser, gentil Senhora 37

18 - Rezão é já que minha confiança 38
19 - Se algũa hora em vós a piedade 39
20 - Se as penas com que Amor tão mal me trata 40
21 - Se, depois da esperança tão perdida 41
22 - Sete anos de pastor Jacob servia 42
23 - Sospiros inflamados, que cantais 43
24 - Tanto de meu estado me acho incerto 44
25 - Transforma-se o amador na cousa amada 45
26 - Vós que, dos olhos suaves e serenos 46

CANÇÕES

I - Fermosa e gentil Dama, quando vejo 47
II - Tão suave, tão fresca e tão fermosa 50

ODES

I - Fogem as neves frias 53
II - Pode um desejo imenso 56

TERCETOS

I - Aquela que de amor descomedido 61
II - Aquele mover de olhos excelente 67

SEXTINA

Foge-me pouco a pouco a curta vida 71

OITAVAS

Quem pode ser no mundo tão quieto 73

ÉCLOGAS

I - Ao longo do sereno 83
II - A rústica contenda desusada 105

REDONDILHAS

I - Amores de ũa casada 119
II - Aquela cativa 121
III - Sem olhos vi o mal claro 124
IV - Sobre os rios, que vão 125

APÊNDICE

Notas e comentários 139
Nota biográfica de Luís de Camões 147

COLEÇÃO MELHORES POEMAS

CASTRO ALVES
Seleção e prefácio de Lêdo Ivo

LÊDO IVO
Seleção e prefácio de Sergio Alves Peixoto

FERREIRA GULLAR
Seleção e prefácio de Alfredo Bosi

MARIO QUINTANA
Seleção e prefácio de Fausto Cunha

CARLOS PENA FILHO
Seleção e prefácio de Edilberto Coutinho

TOMÁS ANTÔNIO GONZAGA
Seleção e prefácio de Alexandre Eulalio

MANUEL BANDEIRA
Seleção e prefácio de Francisco de Assis Barbosa

CECÍLIA MEIRELES
Seleção e prefácio de Maria Fernanda

CARLOS NEJAR
Seleção e prefácio de Léo Gilson Ribeiro

LUÍS DE CAMÕES
Seleção e prefácio de Leodegário A. de Azevedo Filho

GREGÓRIO DE MATOS
Seleção e prefácio de Darcy Damasceno

ÁLVARES DE AZEVEDO
Seleção e prefácio de Antonio Candido

MÁRIO FAUSTINO
Seleção e prefácio de Benedito Nunes

ALPHONSUS DE GUIMARAENS
Seleção e prefácio de Alphonsus de Guimaraens Filho

OLAVO BILAC
Seleção e prefácio de Marisa Lajolo

JOÃO CABRAL DE MELO NETO
Seleção e prefácio de Antonio Carlos Secchin

FERNANDO PESSOA
Seleção e prefácio de Teresa Rita Lopes

AUGUSTO DOS ANJOS
Seleção e prefácio de José Paulo Paes

BOCAGE
Seleção e prefácio de Cleonice Berardinelli

MÁRIO DE ANDRADE
Seleção e prefácio de Gilda de Mello e Souza

PAULO MENDES CAMPOS
Seleção e prefácio de Guilhermino Cesar

LUÍS DELFINO
Seleção e prefácio de Lauro Junkes

GONÇALVES DIAS
Seleção e prefácio de José Carlos Garbuglio

HAROLDO DE CAMPOS
Seleção e prefácio de Inês Oseki-Dépré

GILBERTO MENDONÇA TELES
Seleção e prefácio de Luiz Busatto

GUILHERME DE ALMEIDA
Seleção e prefácio de Carlos Vogt

JORGE DE LIMA
Seleção e prefácio de Gilberto Mendonça Teles

CASIMIRO DE ABREU
Seleção e prefácio de Rubem Braga

MURILO MENDES
Seleção e prefácio de Luciana Stegagno Picchio

PAULO LEMINSKI
Seleção e prefácio de Fred Góes e Álvaro Marins

RAIMUNDO CORREIA
Seleção e prefácio de Telenia Hill

CRUZ E SOUSA
Seleção e prefácio de Flávio Aguiar

DANTE MILANO
Seleção e prefácio de Ivan Junqueira

JOSÉ PAULO PAES
Seleção e prefácio de Davi Arrigucci Jr.

CLÁUDIO MANUEL DA COSTA
Seleção e prefácio de Francisco Iglésias

MACHADO DE ASSIS
Seleção e prefácio de Alexei Bueno

HENRIQUETA LISBOA
Seleção e prefácio de Fábio Lucas

AUGUSTO MEYER
Seleção e prefácio de Tania Franco Carvalhal

RIBEIRO COUTO
Seleção e prefácio de José Almino

RAUL DE LEONI
Seleção e prefácio de Pedro Lyra

ALVARENGA PEIXOTO
Seleção e prefácio de Antonio Arnoni Prado

CASSIANO RICARDO
Seleção e prefácio de Luiza Franco Moreira

BUENO DE RIVERA
Seleção e prefácio de Affonso Romano de Sant'Anna

IVAN JUNQUEIRA
Seleção e prefácio de Ricardo Thomé

CORA CORALINA
Seleção e prefácio de Darcy França Denófrio

ANTERO DE QUENTAL
Seleção e prefácio de Benjamin Abdalla Junior

NAURO MACHADO
Seleção e prefácio de Hildeberto Barbosa Filho

FAGUNDES VARELA
Seleção e prefácio de Antonio Carlos Secchin

CESÁRIO VERDE
Seleção e prefácio de Leyla Perrone-Moisés

FLORBELA ESPANCA
Seleção e prefácio de Zina Bellodi

VICENTE DE CARVALHO
Seleção e prefácio de Cláudio Murilo Leal

PATATIVA DO ASSARÉ
Seleção e prefácio de Cláudio Portella

ALBERTO DA COSTA E SILVA
Seleção e prefácio de André Seffrin

ALBERTO DE OLIVEIRA
Seleção e prefácio de Sânzio de Azevedo

WALMIR AYALA
Seleção e prefácio de Marco Lucchesi

ALPHONSUS DE GUIMARAENS FILHO
Seleção e prefácio de Afonso Henriques Neto

MENOTTI DEL PICCHIA
Seleção e prefácio de Rubens Eduardo Ferreira Frias

ÁLVARO ALVES DE FARIA
Seleção e prefácio de Carlos Felipe Moisés

SOUSÂNDRADE
Seleção e prefácio de Adriano Espínola

LINDOLF BELL
Seleção e prefácio de Péricles Prade

THIAGO DE MELLO
Seleção e prefácio de Marcos Frederico Krüger

ARNALDO ANTUNES
Seleção e prefácio de Noemi Jaffe

ARMANDO FREITAS FILHO
Seleção e prefácio de Heloisa Buarque de Hollanda

LUIZ DE MIRANDA
Seleção e prefácio de Regina Zilbermann

AFFONSO ROMANO DE SANT'ANNA
Seleção e prefácio de Miguel Sanches Neto

MÁRIO DE SÁ-CARNEIRO
Seleção e prefácio de Lucila Nogueira

AUGUSTO FREDERICO SCHMIDT
Seleção e prefácio de Ivan Marques

ALMEIDA GARRET
Seleção e prefácio de Izabel Leal

RUY ESPINHEIRA FILHO
Seleção e prefácio de Sérgio Martagão

GRÁFICA PAYM
Tel. (011) 4392-3344
paym@terra.com.br